Anthony de Mello

Eine Minute Unsinn

Anthony de Mello

Eine Minute Unsinn

Illustrationen von Jules Stauber

Herder
Freiburg · Basel · Wien

Titel der Originalausgabe:
One Minute Nonsens

Aus dem Englischen übersetzt von
ROBERT JOHNA

Herstellung: Freiburger Graphische Betriebe 1993
ISBN 3-451-23053-4

Der Mann redet Unsinn", sagte ein Besucher, nachdem er dem Meister zugehört hatte.

Sagte ein Schüler: „Du würdest nicht weniger Unsinn reden, wolltest du versuchen, das Unsagbare auszusprechen."

Als der Besucher darüber mit dem Meister selbst sprach, erhielt er von ihm die Antwort: „Niemand ist davon ausgenommen, Unsinn zu reden. Das Schlimme dabei aber ist, es feierlich zu tun."

When the visitor checked this out with the Master himself, this is the reply he got: "No one is exempt from talking nonsense. The great misfortune is to do it solemnly."

Zur Einführung

Der Meister in den Geschichten dieses Buches ist nicht ein und dieselbe Person. Einmal ist er ein Hindu-Guru, ein Zen-Roshi, ein taoistischer Weiser, ein andermal ein jüdischer Rabbi, ein christlicher Mönch oder ein Sufi-Mystiker. Er ist ebenso Laotse und Sokrates, Buddha und Jesus wie Zarathustra und Mohammed. Seine Lehre findet man im 7. Jahrhundert vor Christus wie im 20. Jahrhundert nach Christus. Seine Weisheit gehört Ost und West. Doch, ist seine historische Herleitung wirklich von Bedeutung? Geschichte ist letzten Endes das Aufzeichnen dessen, was wahrnehmbar ist, und nicht die Wirklichkeit; sie überliefert Lehrmeinungen und nicht Ungesagtes.

Kaum mehr als eine Minute wird nötig sein, um eine der hier gesammelten Geschichten zu lesen. Mag sein, daß die Worte des Meisters oft rätselhaft, Ärgernis erregend, wenn nicht gar sinnlos erscheinen. Es ist eben kein bequemes Buch und wurde nicht geschrieben, um zu belehren, sondern um aufzuwecken. Zwischen seinen Seiten (nicht in den gedruckten Wörtern und ebensowenig in den Geschichten selbst, sondern in ihrem Geist, ihrer Stimmung und ihrer Atmosphäre) verbirgt sich eine Weisheit, die mit menschlicher Sprache nicht zu vermitteln ist. Doch liest man Seite für Seite und läßt sich auf die manchmal schwer zu deutenden Worte des Meisters ein, kann es geschehen, daß man unverhofft auf eine verborgene „Lehre ohne Worte" stößt und wachgerüttelt, ja umgewandelt wird. Denn das bedeutet Weisheit: verändert zu werden – man mag es glauben oder nicht – ohne die geringste eigene Anstrengung, einzig durch Wachwerden für die Wirklichkeit, die sich nicht in Worte fassen läßt, sondern jenseits des mit Worten Sagbaren liegt.

Wer das Glück hat, auf diese Weise erwacht zu sein, wird erkennen, daß das zarteste Wort das nicht gesagte ist, daß die reinste Tat die ist, auf die man verzichtet hat, und die schönste Veränderung die, zu der man nicht gedrängt hat.

Vorsicht!
Man lese die Geschichten in kleinen Dosen – nur eine oder zwei auf einmal. Eine Überdosis würde ihre Wirkkraft verringern.

Anthony de Mello

Gleichnisse und Geschichten

Der Meister lehrte meistens in Gleichnissen und Geschichten. Jemand fragte einen seiner Schüler, woher er sie habe.

„Von Gott", erwiderte er. „Wenn Gott dich zum Heiler bestimmt, schickt er dir Patienten; wenn er dich zum Lehrer macht, schickt er dir Schüler, wenn er dich zum Meister beruft, gibt er dir Geschichten."

Die richtige Disposition

Sagte ein Schüler zu einem Neuankömmling im Kloster: „Ich muß dich warnen: du wirst kein Wort verstehen, das der Meister sagt, wenn du nicht die richtige Disposition hast."

„Was ist die richtige Disposition?"

„Wer eine fremde Sprache lernt, nimmt vertraute Bedeutungen auf. Die Worte, die der Meister spricht, klingen vertraut, aber fall nicht drauf herein: sie haben eine völlig fremde Bedeutung."

Der Ton macht's

Der Meister konnte sehr kritisch sein, wenn er glaubte, daß Kritik angebracht war.

Doch zum Erstaunen aller nahm ihm niemand seine Rügen übel. Als er einmal darauf angesprochen wurde, sagte er: „Es hängt davon ab, wie man es macht. Menschliche Wesen sind Blüten: offen und empfänglich für sanft fallenden Tau, verschlossen für kräftigen Regen."

Zurückgestohlen

Ein guter Weg, Ihre eigenen Fehler und Unzulänglichkeiten zu erkennen", sagte der Meister, „besteht darin, zu beobachten, was Sie bei anderen stört."

Er erzählte einmal, wie seine Frau eine Dose mit Schokoladenbonbons in den Küchenschrank gestellt hatte, um schon nach einer Stunde, als sie die Dose wieder in die Hand nahm, festzustellen, daß sie bis auf den Boden leer war. Die Bonbons waren sorgfältig Stück für Stück in eine Papiertüte gepackt, die bei den persönlichen Sachen der neuen Köchin lag. Die gutmütige Frau wollte deswegen kein Aufhebens machen. Sie füllte die Bonbons wieder in die Dose um und stellte sie an einen Platz außer Reichweite.

Nach dem Essen teilte die Köchin dem Hausherrn

mit, daß sie ihre Stelle noch am selben Abend verlassen werde.

„Warum denn? Was ist los?“ fragte der Meister.

„Ich möchte nicht für Leute arbeiten, die zurückstehlen“, antwortete sie erbost.

Vertrauen

Bald danach setzte der Meister dieses Thema fort mit der Geschichte von dem Einbrecher, der an der Tür des Geldschranks, den er gerade knacken wollte, folgenden Hinweis fand: „Bitte verwenden Sie kein Dynamit! Dieser Safe ist nicht verschlossen, Sie brauchen nur den Griff zu drücken!“

In dem Augenblick, da er den Griff betätigte, fiel ein Sandsack von der Decke auf ihn herunter, Scheinwerfer leuchteten draußen auf, und eine Sirene alarmierte die ganze Nachbarschaft.

Als der Meister den Einbrecher später im Gefängnis besuchte, traf er dort einen verbitterten Mann: „Wie konnte ich bloß wieder einem anderen menschlichen Wesen trauen?“

Geschirr spülen

Als ein Gast sich freiwillig meldete, das Geschirr nach dem Essen zu spülen, sagte der Meister: „Sind

Sie sicher, daß Sie wissen, wie man Geschirr spült?"

Der Mann versicherte dem Meister, daß er es sein ganzes Leben lang gemacht hätte. Sagte der Meister: „Oh, ich zweifle nicht an Ihrer Fähigkeit, das Geschirr sauber zu machen, ich bezweifle nur, ob Sie es wirklich waschen können."

Seinen Schülern sagte er daraufhin zur Erklärung: „Es gibt zwei Möglichkeiten, Geschirr zu spülen: die eine, es zu waschen, um es sauber zu machen; die andere, es zu waschen, um es zu waschen."

Das war weit davon entfernt, den Schülern nun einzuleuchten! Deshalb fügte der Meister hinzu: „Das erste ist ein totes Tun, denn während euer Körper Geschirr spült, ist euer Geist auf den Zweck fixiert, es sauber zu machen; das zweite ist ein lebendiges Tun, weil dabei nämlich euer Geist dort ist, wo euer Körper ist."

Standortbestimmung

„Erleuchtung", sagte der Meister, „heißt, genau zu wissen, wo du dich in jedem Moment befindest – eine keineswegs leichte Aufgabe."

Und er erzählte von einem allseits geliebten Freund, der noch in seinen hohen achtziger Jahren Einladungen zu Dutzenden von Feiern erhielt. Einmal wurde er auf einer Party entdeckt und gefragt, wie vielen er an diesem Abend seine Aufwartung machte.

„Sechs", sagte der ältere Herr, ohne den Blick von seinem kleinen Notizbuch zu heben.

„Was machen Sie da? Sehen Sie nach, zu wem Sie als nächstem gehen müssen?" fragte ihn jemand.

„Nein", antwortete der dynamische Bursche. „Ich stelle fest, wo ich gerade bin."

Ruchlos

Der Meister reagierte auf Ideologien allergisch.

„In einem Krieg der Ideen", sagte er, „ist das Volk das Opfer."

Später legte er genauer dar: „Das Volk tötet für Geld oder für Macht. Doch die ruchlosesten Mörder sind diejenigen, die für ihre Ideen töten."

Wie dann?

Es war Vorlesungszeit, als der Meister ausführte: „Der Genius eines Komponisten findet sich in den Noten seiner Musik, doch eine Analyse der Noten wird seinen Genius nicht erkennbar machen. Die Größe eines Dichters liegt in seinen Worten, dennoch wird eine Untersuchung der einzelnen Worte seine Inspiration nicht hervortreten lassen. Gott offenbart sich in der Schöpfung, doch erforsche die Schöpfung so genau, wie du nur kannst, du wirst Gott nicht finden, ebensowenig wie du die Seele durch eine gründliche Untersuchung deines Körpers entdecken wirst."

Bei der anschließenden Diskussion war die erste Frage eines Schülers: „Wie können wir dann Gott finden?"

„Dadurch, daß wir die Schöpfung betrachten, und nicht, indem wir sie analysieren."

„Und wie betrachtet man sie?"

„Die Schönheit des Sonnenuntergangs begreift man nicht, solange man die Sonne und die Wolken, den Himmel und den Horizont begutachtet. Denn Schönheit ist kein ‚Ding', sondern eine besondere Weise des Sehens, ähnlich der kleiner Kinder, deren Sicht nicht von vorgefertigten Lehren und Überzeugungen verstellt ist."

Die Lektion

Der Vater einer Schülerin stürmte aufgebracht in den Vortragssaal, in dem der Meister gerade sprach.

Ohne Rücksicht auf die Anwesenden schrie er seine Tochter an: „Du hast dein Universitätsstudium abgebrochen, um dich zu Füßen dieses Narren zu setzen! Was hat er dich gelehrt?"

Sie stand auf, nahm ihren Vater ruhig bei der Hand und ging mit ihm aus dem Saal. Dann sagte sie: „Bei ihm zu sein hat mich gelehrt, was an keiner Universität gelehrt wird: dich nicht zu fürchten und mich über dein schändliches Benehmen nicht aufzuregen."

Was ist das?

Was muß man tun, um erleuchtet zu werden?" fragten die Schüler.

Der Meister antwortete: „Ihr müßt herausfinden, was das ist:

Es fällt ins Wasser
und schlägt keine Wellen,
huscht durch die Zweige
und gibt keinen Laut,
betritt Wiese und Feld
und berührt keinen Halm."

Nach wochenlangem, fruchtlosem Überlegen sagten die Schüler:

„Was ist das für ein Ding?"

„Ding", sagte der Meister, „es ist keineswegs ein Ding."

„Dann ist es nichts?"

„Man könnte so sagen."

„Wie sollen wir dann danach suchen?"

„Sagte ich, daß ihr danach suchen sollt? Es läßt sich finden, kann aber niemals gesucht werden. Sucht, und ihr werdet fehlgehen."

An alles ein bißchen

Der Meister hörte einer Schauspielerin zu, die sich bei Tisch über Horoskope unterhielt.

Er beugte sich zu ihr hinüber und sagte: „Sie glauben nicht an Astrologie, nicht wahr?"

„O doch", antwortete sie, „ich glaube an alles ein bißchen."

Glück

Jemand fragte den Meister: „Glauben Sie an Glück?"

„Durchaus", erwiderte er mit einem Aufblitzen in seinen Augen. „Wie sonst ließe sich der Erfolg von Leuten erklären, die man nicht mag."

Selbstmitleid

Der Meister schonte niemanden, der in Selbstmitleid und Groll schwelgte.

„Unrecht erlitten zu haben", sagte er, „ist *nichts*, es sei denn, du bist erpicht, dich daran zu erinnern."

Beleidigen

Der Meister erzählte einmal von einer Frau, die zur Polizei ging und Anzeige erstattete, sie sei beraubt worden.

„Beschreiben Sie den Mann", sagte der Beamte.

„Also, um damit anzufangen, er war ein Idiot!"

„Was sagen Sie da, ein Idiot?"

„Ja! Er wußte überhaupt nicht Bescheid. Ich mußte ihm helfen!"

Was der Meister daraufhin sagte, hörte sich nicht mehr so lustig an: „Immer wenn du beleidigt bist, finde heraus, wie du dem Beleidiger geholfen hast."

Darauf setzte ein Proteststurm ein, so daß der Meister hinzufügte: „Kann dich jemand beleidigen, wenn du dich weigerst, beleidigt zu sein?"

Einfallsreich

Als der Meister gefragt wurde, wie die Schrift zu lesen sei, erzählte er aus der Zeit, da er Lehrer war und den Studenten diese Frage stellte: „Wie läßt sich die Höhe eines Gebäudes mit Hilfe eines Aneroid-Barometers bestimmen?"

Ein eifriger junger Mann antwortete: „Ich würde das Barometer an einer Schnur herunterlassen und dann die Schnur abmessen."

„In seiner Unkenntnis sehr einfallsreich", kommentierte der Meister.

Und dann fügte er hinzu: „Nicht anders verhält es sich mit dem Einfallsreichtum und dem Unwissen derjenigen, die ihren Verstand gebrauchen, um die Schrift zu verstehen, die genausowenig mit dem Kopf ‚verstanden' werden kann wie ein Sonnenuntergang, die Wellen des Meeres oder das Rauschen des Nachtwindes in den Zweigen."

Fast immer

Die Menschen wollen sich nicht von den Befürchtungen und Ängsten, ihrem Groll und ihrem Schuldgefühl trennen, weil diese negativen Empfindungen für sie ein Anstoß sind und ihnen das Gefühl verschaffen, am Leben zu sein", erklärte der Meister.

Und mit dieser Geschichte machte er seine Einsicht den Schülern deutlich:

Der Dorfpostbote nahm mit seinem Fahrrad eine kleine Abkürzung über eine Wiese, auf der Rinder weideten. Auf halbem Weg erspähte ihn ein Bulle und ging auf ihn los. Mit Mühe und Not konnte der arme Kerl über den Weidezaun entkommen.

„Fast hätte er Sie erwischt, nicht wahr?" sagte der Meister, der die Szene aus sicherem Abstand beobachtet hatte.

„Ja", keuchte der alte Mann, „fast erwischt es mich immer."

Wissen

Ein Wissenschaftler besuchte den Meister, um dagegen zu protestieren, daß seine Geringschätzung der begrifflichen Denkweise, die im Widerspruch zum „begriffsfreien Wissen" stünde, der Wissenschaft gegenüber unfair sei.

Der Meister bemühte sich, deutlich zu machen, daß er durchaus ein Freund der Wissenschaft sei. „Aber", bemerkte er, „das Wissen, das Sie über Ihre Frau haben, sollte doch besser über die begrifflichen Feststellungen der Wissenschaft hinausgehen!"

Als er später zu seinen Schülern sprach, wurde er noch deutlicher: „Begriffe definieren", sagte er, „definieren heißt zerstören. Begriffe zerlegen die Wirklichkeit. Und was man zerlegt, tötet man."

„Sind Begriffe dann ganz nutzlos?" wollten die Schüler wissen.

„Nein! Zerlege eine Rose, und du wirst wertvolle Informationen über sie erhalten, doch keinerlei *Wissen* von ihr besitzen. Werde ein Gelehrter, und du wirst von der Wirklichkeit viele Kenntnisse erwerben, doch keinerlei Wissen."

Was siehst du?

Der Meister hob hervor, daß die Welt, wie sie die meisten Leute sehen, nicht die Welt der Wirklichkeit ist, sondern eine Welt, die ihr Kopf hervorgebracht hat.

Als ein Schüler das in Frage stellen wollte, nahm der Meister zwei Stöcke und legte sie in Form eines T auf den Boden. Dann fragte er den Schüler: „Was siehst du hier?"

„Den Buchstaben T", antwortete er.

„Genauso habe ich es mir vorgestellt", sagte der Meister. „Es gibt von sich aus keinen Buchstaben T; das T ist die Bedeutung, die du ihm gibst. Was du vor dir siehst, sind zwei abgebrochene Äste in Form von Stöcken."

Mißverstanden

Wenn du über die Wirklichkeit sprichst", sagte der Meister, „bist du versucht, das Nichtsagbare in Worte zu fassen, die mit Sicherheit mißverstanden werden. Daher werden Leute, die diesen Ausdruck der Wirklichkeit, welche ‚die Schriften' genannt werden, lesen, töricht und grausam, wenn sie nicht mehr ihrem gesunden Menschenverstand folgen, sondern sich an das halten, was ihnen ihre Schriften vermeintlich sagen." Der Meister hatte ein perfektes

Beispiel bei der Hand, mit dem er dies verdeutlichen konnte.

„Ein Dorfschmied fand einen Lehrling, der bereit war, hart zu arbeiten bei geringer Bezahlung. Ohne lange Umschweife ging der Schmied mit dem jungen Burschen an die Arbeit und erklärte ihm: ‚Wenn ich das Eisen aus dem Feuer nehme, werde ich es auf den Amboß legen, und sobald ich mit dem Kopf nicke, schlägst du mit dem Hammer drauf.' Der Lehrling tat genau, was *er meinte,* daß ihm gesagt worden sei. Und am nächsten Tag war er der Dorfschmied."

Fehler

Einem Schüler, der sich schrecklich fürchtete, Fehler zu machen, sagte der Meister:

„Diejenigen, die keine Fehler machen, machen den größten aller Fehler: sie versuchen nichts Neues."

Nicht zu beantworten

Sag mir", wandte sich der Atheist an den Meister, „gibt es wirklich einen Gott?"

Sagte der Meister: „Wenn du willst, daß ich vollkommen ehrlich zu dir bin, möchte ich nicht antworten."

Daraufhin fragten die Schüler den Meister, warum er keine Antwort geben wollte.

„Weil seine Frage nicht zu beantworten ist", erwiderte er.

„Also bist du ein Atheist?"

„Ganz bestimmt nicht. Der Atheist macht den Fehler, das zu leugnen, wovon nichts gesagt werden kann."

Und nach einer Pause, in der seine Worte sich gleichsam setzen konnten, fuhr der Meister fort: „Und der Theist macht den Fehler, es zu behaupten."

Man kann es nie wissen

Der Meister und ein Schüler begegneten unterwegs einem Blinden, der am Straßenrand saß und bettelte. Sagte der Meister: „Gib dem Mann ein Almosen!"

Der Schüler warf eine Münze in den Hut des Bettlers.

Sagte der Meister: „Du hättest deinen Hut ziehen sollen als Zeichen des Respekts."

„Warum?" wollte der Schüler wissen.

„Man sollte es immer tun, wenn man ein Almosen gibt."

„Aber der Mann war doch blind!"

„Man kann es nie wissen", erwiderte der Meister, „vielleicht war er ein Schwindler."

Kooperation

Was ist das Geheimnis deiner Ruhe und Gelassenheit?" fragten die Schüler.

Sagte der Meister: „Aus dem Herzen kommendes, uneingeschränktes Kooperieren mit dem Unvermeidlichen."

Dankbar

Das Kloster war eng geworden, ein größeres Gebäude wurde gebraucht. So stellte ein Kaufmann einen Scheck über eine Million Dollar aus und legte ihn dem Meister vor. Er hob ihn auf und sagte: „Ausgezeichnet, ich nehme ihn an."

Der Kaufmann war damit nicht zufrieden. Solch eine große Summe Geld, und der Meister dankte ihm nicht einmal!

„Dieser Scheck ist eine Million Dollar wert", sagte er.

„Ja, ich hab's gesehen."

„Wenn ich auch ein wohlhabender Mann bin, eine Million Dollar sind eine Menge Geld."

„Möchten Sie, daß ich Ihnen dafür danke?"

„Sie sollten es tun."

„Warum ich? Der Geber sollte dankbar sein", sagte der Meister.

Rätselhaft

Die Einstellung des Meisters zu Sozialeinrichtungen war irritierend. Das eine Mal war er ganz dafür, ein andermal schienen sie ihm gleichgültig zu sein.

Die Erklärungen, die er gelegentlich für diese Wechselhaftigkeit gab, waren nicht weniger rätselhaft. Er sagte:

„Derjenige, der Gutes tun möchte, muß an die Tür klopfen.

Für denjenigen, der liebt, ist die Tür immer offen."

Zeitlos

Sagte der Tourist: „Die Leute in Ihrem Land sind arm. Doch sie scheinen sich nie Sorgen im voraus zu machen."

Sagte der Meister: „Das liegt daran, daß sie nie auf die Uhr schauen."

Leichter gemacht

Ein Schüler mußte rasch wieder heim, als ihn die Nachricht erreichte, daß sein Haus abgebrannt war.

Er war ein alter Mann, und alle bedauerten ihn. Alles, was der Meister ihm sagte, war: „Es wird das Sterben leichter machen."

Vollkommen

Erleuchtet ist, sagte der Meister, wer erkennt, daß alles in der Welt, so wie es ist, vollkommen ist.

„Wie verhält es sich mit dem Gärtner?" fragte jemand. „Ist er auch vollkommen?"

Der Klostergärtner war ein buckeliger Mann.

„Für das, was ihm im Leben bestimmt ist", erwiderte der Meister, „ist der Gärtner ein vollkommener buckeliger Mann."

Wie man es ansieht

Der Gedanke, daß alles in der Welt vollkommen ist, überstieg das Maß dessen, womit die Schüler einverstanden sein konnten. So faßte es der Meister in Begriffe, die ihrem Verständnis besser entsprachen. „Gott webt vollkommene Muster mit den Fäden unseres Lebens", sagte er, „sogar mit unseren Sünden. Der Grund, warum wir dies nicht erkennen, liegt darin, daß wir die Rückseite des Teppichs betrachten."

Und noch prägnanter: „Was manche Leute für einen glänzenden Stein halten, erkennt der Juwelier als einen Diamanten."

Wirklich wahr?

Die Schüler waren betroffen, die Lehren des Meisters in einem Magazin ins Lächerliche gezogen zu sehen.

Der Meister blieb gelassen: „Kann etwas wirklich wahr sein", sagte er, „wenn niemand darüber lacht?"

Wahrhaftig

In seiner Jugend war der Meister politisch engagiert und hatte einmal einen Protestmarsch gegen die Regierung angeführt. Tausende hatten ihre Häuser und ihre Arbeitsplätze verlassen, um sich der Demonstration anzuschließen.

Der Zug war kaum in Gang gekommen, als er alles wieder abblies.

„Das kannst du doch so einfach nicht machen! Dieser Marsch ist seit Monaten geplant und hat die Leute einiges gekostet. Sie werden dir vorwerfen, inkonsequent zu sein", sagte einer seiner Gefolgsleute.

Der Meister blieb unbewegt: „Meine Verpflichtung besteht nicht darin, konsequent zu sein", sagte er, „sondern wahrhaftig".

Ein besseres Programm

Der Meister lehrte: Ein Grund dafür, warum viele so unglücklich sind, ist in deren Meinung zu suchen, daß es nichts gebe, was sie nicht ändern könnten.

Und er erzählte gern die Geschichte von dem Mann, der zu dem Radiohändler sagte: „Dieser Transistor, den Sie mir verkauft haben, hat zwar eine ausgezeichnete Tonqualität, doch möchte ich ihn gegen einen anderen tauschen, der ein besseres Programm bietet."

Unruhe

„Was ist das Ziel deiner Suche?"

„Frieden", sagte der Gast.

„Denjenigen, die suchen, ihr eigenes Ich zu schützen, bringt Frieden nur Unruhe."

Und zu einer Gruppe frommer Leute, die zu ihm kamen, um ihn anzugaffen und um einen Segen zu bitten, sagte der Meister: „Möge der Friede Gottes euch stets beunruhigen."

Genießen

Von einer Reise zurückgekehrt, erzählte der Meister von einer Begebenheit, die er für ein Gleichnis des Lebens hielt.

Während eines kurzen Aufenthalts ging er an einen einladend aussehenden Essensstand, an dem köstliche Suppen, heißer Curry und alle möglichen verlockenden Gerichte angeboten wurden.

Er bestellte eine Suppe.

„Gehören Sie zu dem Bus?" fragte fürsorgend die Bedienung. Der Meister nickte.

„Es gibt keine Suppe."

„Heißen Curry mit gedämpftem Reis?" fragte der Meister irritiert.

„Nein, wenn Sie zum Bus gehören. Sie können belegte Brote haben. Ich habe den ganzen Morgen gebraucht, um diese Speisen zuzubereiten, und Sie haben kaum zehn Minuten Zeit zum Essen. Ich möchte Sie kein Gericht verzehren lassen, für das Sie nicht die Zeit haben, es zu genießen."

Ein Clown

Es gab kein wichtigtuerisches Gehabe um den Meister. Wildes, ausgelassenes Gelächter brach jedesmal los, wenn er sprach, zum Entsetzen derer, die es mit ihrer Spiritualität – und mit sich selbst feierlich hielten.

Sagte ein enttäuschter Besucher: „Der Mann ist ein Clown."

„Nein, nein", sagte ein Schüler. „Du übersiehst den entscheidenden Punkt: ein Clown bringt dich über ihn zum Lachen, ein Meister bringt dich über dich selbst zum Lachen."

Eine Perle

Wie lernt man, auf die Vorsehung zu vertrauen?"

„Auf die Vorsehung vertrauen", sagte der Meister, „ist, wie in ein teures Restaurant zu gehen ohne einen Cent in der Tasche und dutzendweise Austern zu essen in der Hoffnung, eine Perle zu finden, um damit die Rechnung zu bezahlen."

Einfach essen

Die Schüler nahmen daran Anstoß, daß der Meister für Personenkult nichts übrig hatte.

„Finde für dich selbst einen Gegenstand der Verehrung", pflegte er zu sagen, „und du wirst dich vor lauter Ehrfurcht ablenken lassen von dem, was wesentlich ist: Bewußtheit, die zur Liebe führt."

Und zur Selbstverteidigung führte er die Verachtung Jesu gegenüber denen an, die ‚Herr, Herr' riefen und dabei das Böse völlig übersahen, das sie taten.

Einmal reichte der Meister einem von Ehrfurcht ergriffenen Besucher eine Banane, der die Gabe so sehr bewunderte, daß er kaum mehr wußte, was er mit ihr anfangen sollte.

Als dem Meister dies berichtet wurde, meinte er dazu nur: „Sag dem Dummkopf, daß er sie essen soll."

Der Gewinn

Sagte ein vor kurzem hinzugekommener Schüler zu einem schon erfahreneren: „Warum ziehe ich aus dem Leben mit dem Meister anscheinend so wenig Gewinn?"

„Könnte es daran liegen, daß du hergekommen bist, um von ihm geistliches Leben zu erlernen?"

„Darf ich fragen, weshalb du gekommen bist?"

„Um zu sehen, wie er seine Sandalen schnürt."

Anmutig

Es war eine Freude, den Meister die einfachsten Tätigkeiten ausführen zu sehen: ob er saß oder ging, eine Tasse Tee trank oder eine Fliege verscheuchte. Alles, was er tat, hatte Anmut und ließ ihn in Harmonie mit der Natur erscheinen, so als würden seine Handlungen nicht von ihm, sondern vom Universum hervorgebracht.

Als er einmal ein Paket erhielt, beobachteten ihn die Schüler gebannt und ehrfürchtig, wie er die Schnur löste, das Papier entfernte und den Inhalt herausnahm, so als wäre das Paket ein lebendiges Geschöpf.

Unvergeßlich

Eine fromme Frau erzählte dem Meister, daß sie am Morgen beim Beichten gewesen sei.

„Ich kann mir nicht vorstellen, daß Sie eine schwere Sünde begehen können“, sagte der Meister. „Was haben Sie denn gebeichtet?“

„Nun, daß ich zu faul war, am Sonntag zur Messe zu gehen, daß ich einmal dem Gärtner geschworen habe und daß ich einmal meine Schwiegermutter für eine ganze Woche aus dem Haus gejagt habe.“

„Aber das ist doch schon fünf Jahre her, nicht wahr? Seitdem haben Sie doch sicherlich schon gebeichtet?“

„Ja, das habe ich. Aber ich beichte es jedes Mal. Ich erinnere mich halt so gern daran."

Von selbst

Eines Tages wirst du begreifen, daß du nach dem suchst, was du schon hast", sagte der Meister zu einem eifrigen Schüler.

„Warum sehe ich es dann nicht jetzt?"

„Weil du dich darum bemühst."

„Muß ich mich also nicht anstrengen?"

„Wenn du dich entspannst und ihm Zeit läßt, wird es sich selbst zu erkennen geben."

Einen Cadillac

Leuten, die Tugend übten, um Gott zu gefallen und seine Freundschaft zu erlangen, hatte der Meister dies zu sagen:

Eine Seifenfirma veranstaltete ein Werbequiz, bei dem ein Cadillac zu gewinnen war. Die Teilnehmer, die in Scharen gekommen waren, wurden gefragt: „Warum mögen Sie unsere ‚Himmelsduft-Seife'?"

Darauf antwortete eine Frau prompt: „Weil ich einen Cadillac haben möchte."

Die Falle

Ich habe vier Monate bei dir verbracht, und noch immer hast du mir keine Methode oder Technik gegeben."

„Eine Methode?", fragte der Meister. „Wozu in aller Welt brauchst du eine Methode?"

„Um den inneren Frieden zu erlangen."

Der Meister brach in schallendes Gelächter aus. „Du brauchst tatsächlich großes Können, um dich selbst aus der Falle zu befreien, die Methode heißt", antwortete der Meister.

Nichts dazugekommen

Als ein Schüler anmahnte, die geistliche Lehre des Meisters müsse auf den heutigen Stand gebracht werden, lachte der Meister laut auf. Dann erzählte er die Geschichte von einem Studenten, der sich in einer Buchhandlung beschwerte:

„Haben Sie keine neueren Bücher über Anatomie? Diese hier sind doch mindestens zehn Jahre alt."

Sagte der Buchhändler:

„In den letzten zehn Jahren kamen zum menschlichen Skelett keine neuen Knochen hinzu, mein Lieber."

Und der Meister ergänzte:

„Ebensowenig gab es irgendeinen Zusatz zu der Natur des Menschen in den letzten zehntausend Jahren."

Die feinste Sprache

Einmal stellte der Meister eine Rätselfrage: „Was haben Künstler und Musiker mit dem Mystiker gemeinsam?"

Niemand wußte eine Antwort. „Die Einsicht, daß die feinste Sprache nicht von der Zunge kommt", sagte der Meister.

Wer von beiden?

Der Meister ging die Straße entlang, als ein Mann aus einem Hauseingang stürzte, so daß beide heftig zusammenprallten.

Der Mann war außer sich. Er tobte und warf mit beleidigenden Worten um sich. Der Meister machte eine kleine Verbeugung, lächelte freundlich und sagte: „Mein Freund, ich weiß nicht, wer von uns beiden an diesem Zusammenstoß schuld ist, doch bin ich nicht geneigt, Zeit zu vertun, um dies herauszufinden. Sollte ich an Sie gerannt sein, bitte ich um Entschuldigung; sollten Sie an mich gerannt sein, so können Sie es vergessen."

Nach erneutem Lächeln und kurzer Verbeugung ging er weiter.

Ein Meisterwerk

Zu einem Maler sagte der Meister: „Um Erfolg zu haben, muß jeder Maler viele Stunden in beharrliches Mühen und Streben investieren.

Manchem ist es gegeben, das eigene Ich beim Zeichnen loszulassen. Wenn dies geschieht, wird ein Meisterwerk geboren."

Daraufhin fragte ein Schüler: „Wer ist ein Meister?"

Der Meister antwortete: „Jeder, dem es gegeben ist, das eigene Ich loszulassen. Das Leben dieses Menschen ist dann ein Meisterwerk."

Gipfelblick

Der Meister lehrte immer, daß die Wahrheit wahr ist schon vor unserem Erkennen, und der Grund, warum wir sie nicht sahen, an unserem Mangel an Einsicht liegt.

Einmal nahm er einen Schüler auf eine Bergwanderung mit. Als sie auf halber Höhe angelangt waren, starrte der Mann auf das Unterholz und beklagte sich: „Wo ist die schöne Landschaft, von der du immer erzählt hast?"

Der Meister lächelte verschmitzt: „Du stehst oben drauf, wie du sehen wirst, wenn wir den Gipfel erreicht haben."

Der Meister in allem

Wo werde ich einen würdigen Meister finden, wenn ich in meine Heimat zurückkehre?"

„Es gibt keinen einzigen Augenblick, in dem du ohne einen bist."

Der Schüler war irritiert.

„Beobachte einfach deine Reaktion auf alles – einen Vogel, ein Blatt, eine Träne, ein Lächeln –, und du wirst in allen Dingen deinen Meister finden."

Heiße Luft

Der Meister nahm es mit der Etikette und gepflegten Manieren gewiß nicht übertrieben genau, doch seinen Umgang mit anderen kennzeichneten immer eine natürliche Höflichkeit und Takt.

Einmal fuhr ein junger Schüler einen Verkehrspolizisten sehr grob an, als er den Meister eines Abends heimfuhr. Zu seiner Rechtfertigung sagte er: „Ich möchte lieber ehrlich sein und den Leuten genau zu verstehen geben, was ich meine. Höflichkeit ist nichts als eine Menge heißer Luft."

„Ganz recht", sagte der Meister freundlich, „doch eben die haben wir in unseren Autoreifen, und sehen Sie, wie sie die Stöße dämpft."

Worte

Selten gingen dem Meister die Worte so über die Lippen, als wenn er vor der betörenden Macht der Worte warnte:

„Nimm dich vor Wörtern in acht", sagte er.
„Sobald du wegschaust,
werden sie ihr eigenes Leben führen,
werden sie dich blenden,
hypnotisieren, terrorisieren,
– dich von der Wirklichkeit, für die sie stehen,
fort in die Irre führen –,
dich dazu verleiten, sie für wahr zu halten.

Die Welt, die du siehst, ist nicht das Königreich, das Kinder schauen, sondern eine zerstückelte Welt, die durch Wörter in Tausende einzelner Teile zerlegt ist …

Es ist, als sehe man jede Meereswelle einzeln und abgesondert vom Ozean.

Sobald Wörter und Gedanken
zum Schweigen gebracht sind,
erblüht das Universum fort
– wirklich, ganz und eins –,
und Wörter werden das,
was sie immer bedeuten sollten:
die Partitur, nicht die Musik,
das Menü, nicht das Essen,
der Wegweiser, nicht das Reiseziel."

Ein einziges Wort

Als der Meister eines Tages von der hypnotischen Kraft der Worte sprach, rief jemand vom hinteren Ende des Saales laut dazwischen: „Sie erzählen Unsinn! Wenn ich Gott, Gott, Gott sage, wird mich das dann göttlich machen? Und wenn ich Sünde, Sünde, Sünde sage, wird es mich böse machen?"

„Setz dich hin, du Hundesohn", sagte der Meister.

Der Mann wurde kreidebleich vor Zorn und brachte eine Weile kein Wort heraus. Doch bald überschüttete er den Meister mit wüsten Beschimpfungen.

W
O
R
T
E

Mit zerknirschtem Gesicht sagte der Meister: „Entschuldigen Sie, mein Herr, ich ließ mich hinreißen. Ich bedauere meine unverzeihliche Entgleisung aufrichtig."

Der Mann beruhigte sich sofort.

Der Meister sagte: „Sehen Sie, da haben Sie Ihre Antwort: alles, was es brauchte, war ein einziges Wort, um Sie zu einem Wutanfall zu bringen, und ein anderes Wort, um Sie zu beruhigen."

In Weisheit

Der Gouverneur legte sein hohes Amt nieder und ging zum Meister. Er begehrte, von ihm unterrichtet zu werden.

„Worin wünschen Sie von mir unterrichtet zu werden?" fragte der Meister.

„In Weisheit", war die Antwort.

„Ach, mein Freund, wie gern würde ich das tun, gäbe es da nicht ein größeres Hindernis."

„Was denn?"

„Weisheit kann nicht unterrichtet werden."

„Also gibt es nichts, was ich hier lernen kann."

„Weisheit kann erlernt, aber sie kann nicht unterrichtet werden."

Der Klang der Galaxien

Einige Schüler hatten bei einem Ausflug den Gipfel eines schneebedeckten Berges erreicht. Weit und breit herrschte kosmische Stille. Es reizte sie zu wissen, ob vielleicht des Nachts irgendwelche Geräusche zu hören seien. So schalteten sie ein Tonbandgerät ein, stellten es vor den Eingang ihres Zeltes und legten sich zur Ruhe.

Nachdem die Schüler wieder in ihr Kloster zurückgekehrt waren, spielten sie das Tonband ab. Doch kein Ton, kein Laut, vollständige, makellose Stille.

Der Meister, der das Tonband mit abhörte, platzte heraus: „Hört ihr es nicht?"

„Was hören?"

„Den Klang der Galaxien in Bewegung", sagte der Meister.

Die Schüler schauten einander verwundert an.

Anhänglichkeit

Anhänglichkeit verzerrt unsere Wahrnehmung – ein Thema, dem sich der Meister in seinen Vorträgen immer wieder widmete. Eines Tages erhielten die Schüler darüber einen einleuchtenden Anschauungsunterricht, als sie zuhörten, wie der Meister eine Mutter fragte:

„Wie geht es deiner Tochter?"

„Ach, meine liebe Tochter! Sie hat wirklich Glück! Ihr Mann ist wunderbar. Er hat ihr ein Auto geschenkt, jeden Schmuck, den sie sich wünscht, auch mehrere Dienstmädchen angestellt. Er bringt ihr das Frühstück ans Bett, und sie steht nicht vor Mittag auf. Ein wirklicher Prinz von einem Mann!"

„Und wie geht's deinem Sohn?"

„Der arme Junge! Was für eine Plage von Frau hat er geheiratet. Er hat ihr ein großes Auto gekauft, jeden Schmuck, den sie sich wünscht, und obendrein ein Heer von Dienstmädchen angestellt. Und sie weiß nichts anderes zu tun, als bis Mittag im Bett zu liegen. Nicht einmal das Frühstück richtet sie ihm!"

Größeren Mut

Alle Leute sprachen von dem frommen Mönch, der sein Leben durch Selbstmord verloren hatte.

Während niemand im Kloster die Tat des Mannes gutheißen konnte, sagten manche, sie bewunderten seinen Glauben.

„Glauben?" sagte der Meister.

„Ja, er hatte den Mut seiner Überzeugungen, nicht wahr?"

„Das war Fanatismus, nicht Glaube. Glaube fordert einen noch größeren Mut: seine Überzeugungen zu überprüfen und sie aufzugeben, wenn sie sich nicht mit der Wirklichkeit decken."

Ich erinnere mich genau

Als der Meister ein Schuljunge war, quälte ihn andauernd ein Klassenkamerad.

Älter geworden und reumütig, besuchte dieser das Kloster und wurde mit offenen Armen empfangen.

Eines Tages kam er auf das Thema seiner früheren Quälsucht zu sprechen, doch der Meister schien nichts mehr davon zu wissen.

Sagte der Besucher: „Erinnerst du dich nicht?"

Sagte der Meister: „Ich erinnere mich genau, daß ich es vergessen habe." Und beide schüttelten sich vor Lachen.

Zu spät

Eine Mutter wollte wissen, wann sie mit der Erziehung ihres Kindes beginnen sollte.

„Wie alt ist Ihre Tochter?" fragte der Meister.

„Sie ist fünf."

„Fünf! Lauf schnell nach Hause! Denn du bist schon fünf Jahre zu spät dran."

Keine Minute verlieren

Als der Meister hörte, daß ein Wald in der Nachbarschaft durch Feuer vernichtet worden war, mobilisierte er alle seine Schüler.

„Wir müssen die Zedern wieder anpflanzen", sagte er.

„Die Zedern", rief ein Schüler ungläubig aus, „die brauchen doch 2000 Jahre zum Wachsen."

„In diesem Fall", sagte der Meister, „gilt es, keine Minute zu verlieren. Wir müssen sofort damit anfangen."

Warum kommst du zum Meister?

Ein Freund sagte zu einem Universitätsstudenten: „Warum kommst du zum Meister? Wird er dir helfen, deinen Lebensunterhalt zu verdienen?"

„Nein, aber dank seiner Hilfe werde ich wissen, was mit dem Lebensunterhalt anzufangen ist, wenn ich einen verdiene", antwortete er.

Her mit dem Geld!

„Deine religiösen Lehrer sind genauso blind und konfus wie du", sagte der Meister. „Werden sie mit Problemen des Lebens konfrontiert, begegnen sie ihnen mit Antworten aus einem Buch. Das Leben ist aber zu groß, um in ein Buch zu passen."

Um dies zu erklären, erzählte er die Geschichte von einem Rowdy, der sagte: „Halt, Überfall! Her mit dem Geld oder etwas anderem!"

„Oder was anderem?"

„Bringen Sie mich nicht durcheinander, he! Das ist mein erstes Ding, das ich drehe."

Keine Erklärung

„Wie erklärt der Meister die Existenz des Bösen in der Welt?" fragte ein Besucher.

Ein Schüler erwiderte: „Er erklärt es nicht. Er ist zu beschäftigt, um sich damit aufzuhalten."

Und ein anderer sagte: „Die Menschen liegen ständig im Kampf mit der Welt oder langweilen sich mit ihr. Der Meister ist entzückt von dem, was er an Staunenswertem, Erhabenem und Unfaßbarem sieht."

Zweierlei Wirkung

Der Prediger erntete für seine Beredsamkeit allgemeinen Beifall. Doch seinen Freunden gestand er, daß keine noch so wohlgesetzte Rede von ihm je ganz die Wirkung der einfachen, ungeschminkten Äußerungen des Meisters erzielen würde.

Nachdem er mit dem Meister eine Woche zusammen verbracht hatte, kannte er den genauen Grund dafür.

„Wenn er spricht", sagte der Prediger, „schließt seine Rede Schweigen mit ein, meine Rede leider Nachdenken."

Ein irdenes Gefäß

Der Meister besaß das, was unter den Begriff „Ehrfurcht vor dem menschlichen Leib" fällt. Als ein Schüler den Leib als ein „irdenes Gefäß" einstufte, zitierte der Meister begeistert den Dichter Kabir:

„Im Innern dieses irdenen Gefäßes
sind tiefe Schluchten und Himalaya-Berge,
die sieben Meere sind da
und tausend Millionen Milchstraßen,
die Musik der Sphären
und die Quelle von Wasserfällen
und Flüssen."

Ein schöner Tag

Als der Meister mit einer Gruppe von Lehrern zusammentraf, unterhielt er sich lange und angeregt mit ihnen, denn er war selbst einmal Lehrer gewesen. „Das Schlimme bei den Lehrern ist", sagte er, „daß sie immer wieder vergessen, was das Ziel der Erziehung ist, nämlich nicht das Lernen, sondern das Leben."

Und er erzählte, wie er einmal einen Jungen, der eigentlich in der Schule sein sollte, beim Fischen erwischte.

„Hallo, ein schöner Tag zum Fischen!" sagte er zu dem Kerl.

„Ja", kam es kurz und bündig zurück.

Nach einer Weile fragte der Meister: „Warum bist du heute nicht in der Schule?"

„Nun, wie Sie ja eben selbst gesagt haben – es ist ein schöner Tag zum Fischen."

Dann erzählte der Meister vom Schulzeugnis seiner kleinen Tochter, in dem als Bemerkung stand: „Meena ist eine gute Schülerin. Sie könnte noch bessere Noten erreichen, wenn ihre pure Lebensfreude nicht ihren Lernerfolg behindern würde."

Wie der Vogel

Der Meister sprach gern darüber, wie Natur und Heiligkeit ineinander verwoben sind. Er saß einmal im Garten, als er ausrief:

„Sieh nur diesen fröhlichen blauen Vogel dort auf dem Ast, wie er hin und her hüpft, sein Lied in die Welt schmettert und sich uneingeschränkter Freude überläßt, weil er nichts von morgen weiß!"

Das Gesetz

Das Gesetz ist ein Ausdruck von Gottes heiligem Willen und muß als solches in Ehren gehalten und geliebt werden", führte der Prediger gottesfürchtig aus.

„Blödsinn", sagte der Meister. „Das Gesetz ist ein notwendiges Übel und muß als solches auf das Mindestmaß beschränkt werden. Zeige mir einen Gesetzesliebhaber, dann zeige ich dir einen schafsköpfigen Tyrannen."

Er erzählte einmal von seiner Schwester, die das Schieben des Kinderwagens, in dem ihre kleine Tochter lag, ermüdend fand und deshalb einen Motor daran anbringen ließ. Daraufhin schritt die Polizei ein. Als erstes wurde eingewendet, daß der motorgetriebene Kinderwagen drei Meilen in der Stunde zurücklegen könnte und deshalb als „Kraftfahrzeug" einzustufen sei, weshalb die Mutter für Nummernschilder, Beleuchtung und Bremsen sorgen müßte und, als Krönung des Ganzen, einen Führerschein bräuchte.

Völlig erschöpft

Und weiter erzählte der Meister von dem Astronauten, der von einer Weltraumfahrt mit fünfhundert Erdumkreisungen zurückgekehrt war. Als man ihn fragte, wie er sich fühle, sagte er: „Völlig erschöpft! Stellen Sie sich vor, wie oft ich das Morgen-, Mittags-, Abend- und Nachtgebet sprechen mußte, das meine Religion vorschreibt."

Alt genug

Für den Meister hatten alle Normen und Regeln, auch wenn sie als heilig galten, einen rein funktionalen Wert und mußten der Wirklichkeit entsprechen, die allein das höchste Gesetz darstellte.

Als seine Tochter im Teenageralter modebewußt ein schulterfreies Kleid tragen wollte, meinte ihre Mutter, sie wäre für diese Art von Kleidung noch zu jung. Eine hitzige, tagelange Debatte entspann sich.

Als man sich schließlich an den Meister wandte,

sagte er: „Laßt sie eins anprobieren. Wenn es ihr steht, ist sie alt genug, es zu tragen."

Arten, zu schreiben

Ein Mann, der sich als religiöser Schriftsteller betätigte, bat um ein Wort der Weisheit. Sagte der Meister:

„Manche Leute schreiben, um damit ihren Lebensunterhalt zu verdienen; andere, um die Leser an ihren Einsichten und Fragestellungen teilnehmen zu lassen und sie damit zu plagen. Wieder andere schreiben, um sich über ihr Innerstes Klarheit zu verschaffen.

Keiner von ihnen wird überdauern. Dieser Vorzug gebührt denjenigen, die nur deshalb schreiben, weil sie sonst bersten würden."

Und als nachträglichen Gedanken fügte er an: „Diese Schriftsteller verleihen dem Göttlichen Ausdruck – ganz egal, *worüber* sie schreiben."

Wie in eine Wildnis

Auf die Frage, mit welchem Gefühl Erleuchtung zu vergleichen ist, sagte der Meister: „Es ist, wie in eine Wildnis einzudringen und plötzlich zu fühlen, daß du beobachtet wirst."

„Von wem?"

„Von Felsen, Bäumen und Bergen."

„Ein unheimliches Gefühl!"

„Nein, ein durchaus wohltuendes. Weil es aber ein ungewohntes Gefühl ist, sieht man sich getrieben, Hals über Kopf in die Alltagswelt der Menschen zurückzukehren – in ihren Lärm, ihren Wortschwall, ihr Gelächter –, in eine Welt, die uns von der Natur und Wirklichkeit abgeschnitten hat."

Bis ich oben bin ...

Als der Meister gefragt wurde, ob es ihn denn nicht entmutige, daß all seine Mühe anscheinend kaum Früchte trug, erzählte er die Geschichte von einer Schnecke, die an einem kalten, stürmischen Tag im späten Frühjahr aufbrach, um den Stamm eines Kirschbaums emporzuklettern.

Die Spatzen auf dem Nachbarbaum lachten über ihr Unterfangen. Da flog ein Spatz auf die Schnecke zu und piepste sie an:

„He, du Dummkopf, siehst du nicht, daß auf dem Baum keine Kirschen sind?"

Der Winzlig ließ sich nicht aufhalten und sagte: „Macht nichts, bis ich oben bin, sind welche dran."

Die Erklärung

Ein Klosterbesucher war von der Eigenschaft des Meisters besonders beeindruckt, die er Ausstrahlung nannte. Als er eines Tages zufällig einem alten Freund des Meisters begegnete, fragte er ihn, ob er dafür irgendeine Erklärung habe:

Sagte der Freund: „Ich möchte es so ausdrücken: Das Leben ist ein Geheimnis. Der Tod ist der Schlüssel, der es aufschließt. In dem Augenblick, in dem du den Schlüssel umdrehst, versinkst du für immer in das Geheimnis."

„Müssen wir auf den Tod warten, bevor wir den Schlüssel umdrehen?" fragte der Besucher.

„Nein! Du könntest ihn jetzt umdrehen – durch Schweigen – und im Geheimnis aufgehen. Dann würdest auch du Ausstrahlung haben – wie der Meister."

Was lieber?

Ein Schüler neigte zu länger anhaltenden Depressionen. „Mein Arzt verlangt, daß ich Medikamente einnehme, um mir die Depressionen vom Leibe zu halten", sagte er.

„Warum nimmst du sie dann nicht?" fragte der Meister.

„Weil sie meiner Leber schaden und mein Leben verkürzen könnten."

Sagte der Meister: „Möchtest du lieber eine gesunde Leber als eine gute Laune? Ein Jahr Leben ist mehr wert als zwanzig Jahre Winterschlaf."

Und später sagte er zu seinen Schülern: „Mit dem Leben ist es wie mit einem Märchen: nicht die Länge zählt, sondern die Qualität."

Das Fingerspiel

Einmal sagte der Meister: „Gute Taten, die unbewußt getan werden, sind größer als gewollte."

Darauf brach ein Sturm von Fragen los, denen der Meister flink aus dem Wege ging, wie er es immer tat, wenn er glaubte, daß die Zeit für eine Antwort darauf noch nicht reif sei.

Eines Tages besuchten alle das Konzert einer weltberühmten Pianistin. Flüsterte der Meister seinem Nachbarn zu: „Das Fingerspiel dieser Frau auf den Tasten ist keine Sache bloßen Willens. Eine solche Leistung bleibt dem Unbewußten überlassen."

Reisen

Jemand fragte den Meister nach dem Sinn eines Satzes, den er gehört hatte: „Der erleuchtete Mensch reist, ohne sich fortzubewegen."

Sagte der Meister: „Setz dich jeden Tag an dein Fenster und beobachte, wie die Szene im Garten hinter deinem Haus ständig wechselt, während die Erde dich auf ihrer Jahresreise rund um die Sonne trägt."

Nicht Sanskrit

Als der Meister mit wohlklingender Stimme Sanskritverse sang, hörte ihm ein Schüler wie gebannt zu und sagte: „Ich habe immer gewußt, daß es keine Sprache auf der Welt gibt, die göttliche Dinge so zum Ausdruck bringt wie das Sanskrit."

„Mach dich nicht lächerlich", sagte der Meister. „Die Sprache des Göttlichen ist nicht Sanskrit, sondern Schweigen."

Ein Nichts

Der Meister amüsierte sich über jene Art falscher Selbstverachtung, die für Demut ausgegeben wird. Und dies ist die Geschichte, die er dazu seinen Schülern erzählte:

Zwei Männer, ein Priester und ein Küster, gingen in eine Kirche, um zu beten. Der Priester begann sich an die Brust zu klopfen und rief hingerissen aus: „Ich bin der niedrigste Mensch, Herr, unwürdig deiner Gnade. Ich bin ein Niemand, ein Nichts – hab Erbarmen mit mir!"

Nicht weit vom Priester stand der Küster, der in einem Ausbruch von Inbrunst sich ebenfalls an die Brust schlug und ausrief: „Hab Erbarmen, Herr! Ich bin ein Sünder, ein Nichts!"

Der Priester wandte sich hochmütig um. „Ha", sagte er, „sieh mal an, das nennt sich ein Nichts!"

Unerreichbar

Nenn mir einen praktischen, hier auf Erden greifbaren Nutzen der Spiritualität", sagte der Skeptiker, der Lust auf einen Disput hatte.

„Zum Beispiel diesen", sagte der Meister. „Wenn dich jemand beleidigt, kannst du deinen Geist in Höhen erheben, wohin Beleidigungen nicht gelangen können."

Geh, trink!

Sag mir warum", bedrängte der Schüler erstaunt den Meister, als dieser ihn aufforderte, das Kloster zu verlassen, in das er vor kaum vierundzwanzig Stunden aufgenommen worden war.

„Weil du keinen Meister brauchst. Ich kann dir den Weg zeigen, aber nur du kannst ihn gehen.

Ich kann auf das Wasser hinweisen, doch du allein kannst trinken. Warum verschwendest du deine Zeit damit, mich gebannt anzuschauen?

Du weißt den Weg, Geh ihn!

Das Wasser ist genau vor dir. Trink!"

Er tut nur so

Eine Gruppe von Pilgern beschloß, einen Besuch beim Meister in ihr Reiseprogramm aufzunehmen. Als sie bei ihm waren, baten sie ihn um ein wegweisendes geistliches Wort.

Der Meister, der Menschen in religiösen Dingen rasch einordnen konnte, sagte: „Ihr solltet euch klarmachen, daß ihr in Wirklichkeit gar nicht religiös seid."

Keiner war über diese beleidigende Einschätzung ihres Selbstverständnisses erfreut, und sie verlangten eine Erklärung. Sagte der Meister:

„Ein Kaninchen und ein Löwe gingen einmal in ein Restaurant. Alle Gäste zuckten zusammen und trauten ihren Augen nicht.

Sagte das Kaninchen zum Kellner: ‚Eine Schüssel Salat, bitte, ohne Essig und Öl.'

,Und was ist mit deinem Freund?' fragte der Kellner, ,was soll ich ihm bringen?'

,Nichts.'

,Glaubst du, der Löwe hat keinen Hunger?'

Das Kaninchen schaute den Kellner vorwurfsvoll an und sagte: ,Meinst du, daß er hier sitzen würde, wenn er ein Löwe wäre? Er tut nur so!'"

Villkommen!

Was Prediger und Priester anging, schärfte der Meister den Leuten ein, auf Kompetenz zu achten und nicht auf Ansprüche.

Zwei Touristen, erzählte er, waren im Anflug auf Honolulu und diskutierten darüber, wie „Hawaii" richtig auszusprechen sei. Der eine sagte, man müsse es mehr mit einem *w* aussprechen, der andere mehr mit einem *v*; wie Havaii.

Gleich nachdem sie gelandet waren, wandten sie sich an einen Einheimischen. „Aloha! Wie sprechen hier die Leute den Namen der Insel aus: Hawaii oder Havaii?"

„Havaii", sagte der Einheimische.

„Vielen Dank für Ihre Auskunft!"

„Vunderbar, villkommen auf unserer Insel, ihr beide", sagte der Einheimische.

Die Aufgabe

Was ist die Aufgabe eines Meisters?" fragte ein Besucher mit feierlicher Miene.

„Die Leute lachen zu lehren", erwiderte der Meister ernst.

Macht

Ein andermal erklärte er:

„Wenn du imstande bist, dem Leben ins Gesicht zu lachen, erhältst du Macht über die Welt – genau wie derjenige, der darauf vorbereitet ist zu sterben."

Der Preis

Woran ist Erleuchtetsein zu erkennen?"

„Daran, daß der Erleuchtete, sobald er das Böse erkannt hat, es nicht mehr tun kann", sagte der Meister. Und er fügte hinzu: „Und er kann auch nicht mehr in Versuchung geführt werden. Alle anderen sind Betrüger."

Daraufhin erzählte er die Geschichte von einem Schmuggler, der aus Furcht vor einer Polizeistreife zu einem heiligmäßigen Mönch ging und ihn bat, irgendwelche Schmuggelware in seinem Kloster zu verstecken, da ihn niemand wegen seiner allgemein bekannten Heiligkeit verdächtigen würde.

Der Mönch zeigte sich empört und verlangte, daß der Mann das Kloster sofort verlassen sollte.

„Ich werde dir hunderttausend Dollar für deine Freundlichkeit geben", sagte der Schmuggler.

Der Mönch zögerte ein wenig, bevor er nein sagte.

„Zweihunderttausend." Der Mönch weigerte sich beharrlich.

„Fünfhunderttausend." Der Mönch hielt sich an seinem Stab fest und schrie heraus: „Verschwinde sofort! Du bist zu nahe an meinen Preis gekommen."

Die Weigerung

Nur ein Dummkopf wird zögern, das Letzte im Tausch für die Wahrheit herzugeben", sagte der Meister. Und er erzählte ihnen folgendes Gleichnis:

Während eines Ölbooms in einer kleinen Stadt auf dem Lande gaben Grundbesitzer gierig jeden Quadratmeter Land an die Ölgesellschaften her und erhielten dafür ein Vermögen.

Eine alte Dame war nicht zum Verkauf zum gebotenen Preis zu bewegen.

Die Angebote stiegen ins Astronomische, bis eine Ölgesellschaft erklärte, sie wäre bereit, jeden geforderten Preis zu zahlen. Doch die alte Dame blieb fest, worauf ein Freund sie erregt nach dem Grund ihrer Weigerung fragte.

„Siehst du nicht, daß ich meine einzige Einkommensquelle verliere, wenn ich verkaufe?“

Ohne Stecker

Als der Meister eines Tages auf die moderne Technik zu sprechen kam, erzählte er von einem Freund, der seine Kinder zum Musizieren bringen wollte. Also kaufte er ihnen ein Klavier.

Als er am Abend nach Hause kam, sah er, wie die Kinder ratlos um das Klavier standen. „Wo ist der Stecker?“ fragten sie.

Handeln und feilschen

Als junger Mann kam der Meister viel in der Welt herum. So hörte er einmal im Hafen von Shanghai lautes Schreien nicht weit von seinem Schiff entfernt. Er schaute sich um und sah einen Mann, der sich über die Bordwand einer in der Nähe liegenden Dschunke beugte und dabei einen anderen Mann am Zopf im Wasser hin und her zog.

Der Mann in der Dschunke tauchte immer wieder den anderen Mann ins Wasser, um ihn sogleich wieder herauszuziehen. Daraufhin stritten die beiden eine Weile miteinander, bis der eine den anderen aufs neue untertauchte.

Der Meister läutete dem Schiffsjungen und fragte ihn, was denn der Streit bedeute. Der Junge lauschte einen Augenblick, lachte und sagte: „Nichts, Herr. Mann im Boot will sechzig Yen, dann anderen Mann nicht ertränken. Mann im Wasser sagt nein, nur vierzig Yen."

Die Schüler lachten über die Geschichte.

Darauf sagte der Meister:

„Gibt es einen unter euch, der nicht um das einzige Leben, das er hat, handeln und feilschen würde?"

Und alle schwiegen.

Lauwarme Suppe

Der Meister ließ nie eine Aussage über Gott unwidersprochen. Alle Gottesaussagen sind poetische oder symbolische Bezeichnungen für den Unbegreiflichen. Doch die Menschen nehmen sie törichterweise als wörtliche Beschreibungen des Göttlichen.

Als der Prediger sagte: „Soviel ich von Gott weiß, ist er allwissend und gut", hielt der Meister dem entgegen: „Warum steht er dann dem Bösen so hilflos gegenüber?"

Sagte der Prediger: „Wie soll ich das wissen? Wofür hältst du mich, bin ich denn ein Mystiker?"

Später beschenkte der Meister seine Schüler mit dieser jüdischen Erzählung:

„Zwei Männer saßen schweigend beisammen und schlürften eine Schale Tee. Nach einer Weile sagte der eine: ‚Das Leben ist wie ein Teller lauwarme Suppe.‘

‚Wie ein Teller lauwarme Suppe?‘ fragte der andere. ‚Warum das?‘

‚Wie soll ich das wissen, bin ich denn ein Philosoph?‘“

Ein Spiel

Einmal bezog sich der Meister auf die hinduistische Auffassung, wonach die ganze Schöpfung „leela“, ein Spiel Gottes sei und das Universum sein Spielplatz. Das Ziel der Spiritualität bestehe darin, so behauptete er, alles Leben zu einem Spiel zu machen.

Dies erschien einem strengen Besucher zu frivol. „Ist denn kein Raum zum Arbeiten da?“ fragte er.

„Selbstverständlich ist einer da. Aber Arbeit wird nur dann spirituell, wenn sie sich in Spiel verwandelt.“

Späne müssen fliegen

Jemand fragte den Meister, was „uneigennütziges Handeln" heiße. Der Meister antwortete: „Handeln, das gern und um seiner selbst willen geschieht, und nicht, um dafür eine Anerkennung, einen Nutzen oder eine Belohnung zu erhalten."

Dann erzählte er von einem Mann, der von einem Forscher angeheuert und in einen Hinterhof geführt wurde, wo er ihm eine Axt in die Hand drückte.

„Siehst du den Baumstamm hier auf dem Boden? Ich möchte, daß du ihn mit dieser Axt durchhaust – aber nur mit der stumpfen Kante der Axt und nicht mit der scharfen Schneide. Du bekommst dafür hundert Dollar pro Stunde."

Der Mann dachte, der Forscher sei verrückt, aber der Lohn war so verlockend, daß er zusagte und mit der Arbeit anfing. Nach zwei Stunden warf er die Axt hin und sagte: „Herr, ich hör' auf."

„Was ist los? Bist du mit dem, was ich dir gebe, nicht zufrieden? Du sollst das Doppelte haben!"

„Nein, danke", sagte der Mann. „Der Lohn ist gut. Aber wenn ich Holz haue, muß ich die Späne fliegen sehen."

Begrenzung

Einem Elternpaar, das sich über die Erziehung seiner Kinder Sorgen machte, gab der Meister ein rabbinisches Sprichwort zu bedenken:

„Begrenze deine Kinder nicht durch dein eigenes Wissen, denn sie sind in einer anderen Zeit geboren."

Durstig

Der Hauptgrund, warum viele Leute unglücklich sind, ist darin zu suchen, daß sie eine verkehrte Befriedigung aus ihren Leiden gewinnen", sagte der Meister.

Dann erzählte er, wie er einmal auf einer Bahnfahrt im oberen Bett eines Liegewagens die Nacht verbrachte. Es war ihm unmöglich einzuschlafen, da von unten her ständig ein Stöhnen zu hören war: „Ach, bin ich durstig ... ach, bin ich durstig ...!"

Das Stöhnen wollte kein Ende nehmen. Da kletterte der Meister schließlich die Leiter hinunter, ging durch den ganzen Zug zum Speisewagen, kaufte zwei Becher Bier, ging den langen Weg zu seinem Abteil zurück und reichte die beiden Becher dem geplagten Mitreisenden.

„Hier ist etwas zu trinken!"

„Wunderbar, Gott sei Dank!"

Der Meister stieg die Leiter hoch und streckte sich wieder aus. Kaum hatte er die Augen geschlossen, hörte er es von unten her stöhnen: „Ach Gott, *war* ich durstig ... oh, *war* ich durstig!"

Folgerichtig

Eine Sozialarbeiterin schüttete dem Meister ihren Kummer aus. Was könnte sie nicht noch alles für die Armen tun, wenn sie nicht so viel Zeit und Energie dafür verwenden müßte, sich selbst und ihre Arbeit zu schützen und Verleumdungen und Mißverständnissen vorzubeugen.

Der Meister hörte aufmerksam zu und antwortete dann mit einem einzigen Satz: „Auf Äste, die nichts tragen, wirft niemand einen Stein."

Zu früh gejubelt

Kann Handeln zu Erleuchtung führen?" wurde der Meister gefragt.

„Handeln einzig und allein führt zu Erleuchtung", gab er zur Antwort, „doch muß es uneigennütziges Handeln sein, Handeln, das um seiner selbst willen geschieht."

Und er führte weiter aus, wie er einmal mit dem kleinen Sohn eines Fußballstars während eines Trainingsspiels auf der Tribüne saß. Als der Fußballer ein herrliches Tor schoß, jubelten alle. Nur das Kind blieb unbeeindruckt. Es saß da und schaute gelangweilt.

„Was ist mit dir los?“ fragte der Meister. „Hast du nicht gesehen, daß dein Vater ein Tor geschossen hat?“

„Ja, schon, er hat eins geschossen – heute, am Dienstag. Das Match ist am Freitag – dann müssen Tore fallen.“

Und der Meister schloß: „Handeln hat einen Wert, wenn es dir hilft, gewinnbringende Tore zu schießen – nicht um seiner selbst willen, schade!“

Im Verhältnis gesehen

Dem Meister war es nicht gegeben, Ehrerbietung zu üben. Als er darauf angesprochen wurde, sagte er:

„Eine Lampe verliert ihre Strahlen, wenn sie neben die Sonne gestellt wird; selbst der größte Tempel sieht am Fuß des Himalaja-Gebirges sehr winzig aus.“

Kompetente Auskunft

Mein Tempelpriester sagt mir, daß der Tempel für mich der einzige Ort ist, um zu Gott zu beten. Was sagst du dazu?“

„Dein Tempelpriester ist nicht die richtige Person, die du hier um Rat fragen solltest", erwiderte der Meister.

„Aber er ist doch Experte, oder nicht?"

Darauf erzählte der Meister von einem Erlebnis, das er auf einer Reise im Ausland hatte: Als er in seinen zwei von zu Hause mitgebrachten Reiseführern blätterte, musterte sie sein Fremdenführer mit finsterer Miene und deutete dann auf das eine Buch: „Das da sehr schlechter Reiseführer, anderes Buch besser."

„Warum? Enthält dieses mehr Informationen?"

Der Fremdenführer schüttelte den Kopf: „Dieses Buch sagt, Fremdenführer fünf Dollar geben, anderes sagt fünfzig Cent."

Viele Wege

Der Meister sprach kaum einmal über geistliche Themen. Lieber aß, arbeitete und spielte er mit seinen Schülern – und verbrachte mit ihnen die Zeit im Gespräch über tausend Dinge, angefangen von der politischen Situation im Lande bis zum letzten Stammtisch-Witz.

Erstaunt fragte einmal ein Besucher: „Wie wollt ihr bei dem Mann etwas lernen, wenn er viel lieber einen Witz erzählt als von Gott zu sprechen?"

Sagte ein Schüler: „Es gibt auch andere Wege des Lehrens als durch lehrhafte Worte."

Ohne die Last

Ein Grund, sich einer religiösen Organisation anzuschließen, liegt darin, die Chance zu haben, der Religion ohne Schuldgefühle aus dem Wege zu gehen", sagte der Meister.

Dann erzählte er, wie er sich einmal mit einer Frau aus seinem Schülerkreis, die mit einem Reisevertreter frisch verlobt war, unterhalten hatte:

„Sieht er gut aus?" fragte der Meister.

„Ach ja, er sticht nicht gerade unter anderen hervor."

„Hat er Geld?"

„Wenn er welches hätte, würde er es nicht ausgegeben."

„Hat er schlechte Angewohnheiten?"

„Er raucht jedenfalls und trinkt mehr, als ihm guttut."

„Ich verstehe dich nicht. Wenn du nichts Gutes über ihn zu sagen weißt, warum heiratest du ihn dann?"

„Ach, er ist meistens auf der Reise und von zu Hause fort. So habe ich die Beruhigung, verheiratet zu sein, ohne die Last, einen Ehemann zu haben."

HONO
LULU

Neu austeilen

Der Meister spielte gerne Karten und verbrachte einmal mit einigen seiner Schüler während eines Luftangriffs die ganze Nacht beim Pokern. Als sie eine Pause einlegten, um etwas zu trinken, kamen sie auf den Tod zu sprechen.

„Wenn ich mitten in diesem Spiel tot umfallen würde, was würdet ihr dann tun?" fragte der Meister.

„Was möchtest du, daß wir tun sollten?"

„Zwei Dinge. Zuerst die Leiche fortschaffen."

„Und dann?"

„Die Karten neu austeilen", sagte der Meister.

Nirgendwohin

Warum bist du zum Meister gekommen?"

„Weil mein Leben nirgendwohin verlief und mir nichts gab."

„Und wohin verläuft es jetzt?"

„Nirgendwohin."

„Und was gibt es dir jetzt?"

„Nichts."

„Was ist dann der Unterschied?"

„Jetzt gehe ich nirgendwohin, weil nirgendwo hinzugehen ist. Ich erhalte nichts, weil nichts zu begehren ist."

Die Lösung

Einem Mann, der Jahre damit verbrachte, das Gesetz seiner Religion zu studieren, sagte der Meister:

„Der Schlüssel zu einem rechtschaffenen Leben ist Liebe, nicht Religion oder das Gesetz."

Dann erzählte er die Geschichte von zwei Jungen, die zur Sonntagsschule gingen und schließlich vom Religionsunterricht genug hatten, weshalb einer den Vorschlag machte, einfach wegzulaufen.

„Weglaufen? ... Unsere Väter werden uns aber einholen und verprügeln."

„Wir werden *sie* versohlen."

„Was? Den *Vater* versohlen? Du bist wohl verrückt. Hast du vergessen, daß Gott uns befohlen hat, unseren Vater und unsere Mutter zu ehren?"

„Ja, stimmt! Du versohlst meinen Vater und ich deinen."

Ohne Etikett

Der Meister behauptete, daß es letzten Endes keinen Sinn habe, sich selbst als Inder, Chinese, Afrikaner, Amerikaner, Hindu, Christ oder Muslim zu bezeichnen, da dies nur Schubladen und Etiketten seien.

Einem Schüler, der darauf beharrte, zuerst, zuletzt und vor allem Jude zu sein, sagte der Meister freundlich: „Deine Erziehung ist jüdisch, aber nicht deine Identität."

„Was ist meine Identität?"

„Nichts", sagte der Meister.

„Du glaubst, ich bin ein Nichts und eine Leere?" fragte ungläubig der Schüler.

„Nichts, was mit einem Etikett versehen werden kann", sagte der Meister.

Nachhilfe

Auf der Geburtstagsfeier des Meisters lehnte ein Schüler ein bißchen spitz ein Glas Wein ab.

Auf seinem Rundgang durch den Saal lief er dem Meister in die Arme. Der Meister zwinkerte mit den Augen und flüsterte ihm zu:

„Du mußt noch manches Interessante lernen, mein Freund."

„Was, zum Beispiel?"

„Zum Beispiel das: Du kannst deinen Gebetsteppich mit Wein tränken, und er wird sich mit Gott vollsaugen."

Zuviel

Der Meister forderte nicht zur Strenge, sondern zum Maßhalten auf. Wenn wir wirklich an etwas Freude empfinden, halten wir von selbst Maß.

Auf die Frage, warum er asketischen Übungen so ablehnend gegenüberstehe, antwortete der Meister: „Weil sie Freuden-Verächter schaffen, die stets zu Menschen-Verächtern werden – streng und gewalttätig."

„Aber viele der Freude und Vergnügen Suchenden sind streng und gewalttätig."

„So nicht. Sie lieben nicht das Vergnügen, denn sie stopfen sich voll damit. Was sie lieben, ist, ihren Körper durch ein Zuviel an Vergnügen zu bestrafen."

Reizende Kinder

Als der Meister einmal über die problematischen Bindungen zwischen Eltern und Kindern befragt wurde, erzählte er, wie er einmal in einem Einkaufsmarkt einer Frau begegnete, die einen Kinderwagen schob, in dem zwei kleine Jungen saßen.

„Was für zwei reizende Kinder Sie haben", sagte der Meister. „Wie alt sind sie denn?"

„Der Arzt", sagte die Frau, „ist drei Jahre und der Rechtsanwalt zwei."

Keine Anstrengung

Denjenigen Schülern, die naiv darauf vertrauten, daß sich nichts erreichen läßt ohne den entschiedenen Willen dazu, konnte der Meister sagen: „Die besten Dinge im Leben können nicht durch Willenskraft Wirklichkeit werden."

„Du kannst mit Willenskraft Essen in deinen Mund stecken, aber nicht mit Willenskraft Appetit bekommen. Du kannst dich mit Willenskraft ins Bett legen, aber nicht mit Willenskraft einschlafen. Du kannst mit Willenskraft jemandem ein Kompliment machen, aber nicht mit Willenskraft Bewunderung wecken. Du kannst mit Willenskraft ein Geheimnis mitteilen, aber nicht mit Willenskraft Vertrauen schaffen. Du kannst mit Willenskraft einen Dienst erweisen, aber nicht mit Willenskraft Liebe schenken."

Ungestört

Immer, wenn du jemand anders zu verändern suchst", sagte der Meister, „stell dir diese Frage: ‚Wem wird diese Veränderung nützen: meinem Stolz, meinem Vergnügen oder meinem Vorteil?'"

Dann erzählte er die folgende Geschichte:

Ein Mann wollte gerade von einer Brücke in einen Fluß springen, als ein Polizist auf ihn zustürmte und rief: „Nein, nein! Bitte, machen Sie das nicht! Warum sollte ein junger Mann wie Sie, der noch kaum gelebt hat, ins Wasser springen?"

„Weil ich das Leben satt habe."

„Hören Sie doch, *bitte*! Wenn Sie in den Fluß springen, werde ich Ihnen nachspringen müssen, um Sie zu retten. Klar? Sehen Sie's doch ein, das Wasser ist eiskalt, und ich habe mich gerade erst von einer doppelseitigen Lungenentzündung erholt. Wissen Sie, was das heißt? Ich werde sterben. Ich habe eine Frau und vier Kinder. Möchten Sie das auf Ihrem Gewissen haben? Nein, natürlich nicht. So hören Sie auf mich! Seien Sie vernünftig! Bereuen Sie, und Gott wird Ihnen verzeihen. Gehen Sie wieder heim, zu Hause sind Sie allein und ungestört, da können Sie sich aufhängen."

Östlich von Suez

Verärgert über die sich widersprechenden Worte des Meisters, schimpfte ein Philosoph aus Europa: „Ich habe gehört, daß östlich des Suezkanals zwei sich widersprechende Aussagen gleichzeitig wahr sein können."

Der Meister amüsierte sich darüber. „Östlich von Suez", sagte er, „und einen Zoll tiefer in die Wirklichkeit. Das ist der Grund, warum die Wirklichkeit ein unbegreifliches Geheimnis ist."

Gesichtspunkte

Im Kloster gab es keine Uhren. Als sich ein Geschäftsmann über mangelnde Pünktlichkeit beklagte, sagte der Meister: „Bei uns herrscht eine kosmische Pünktlichkeit und keine geschäftliche Pünktlichkeit."

Der Geschäftsmann sah darin keinen Sinn. Und so fügte der Meister hinzu: „Alles hängt vom Gesichtspunkt ab. Was bedeutet aus der Sicht des Waldes der Verlust eines Blattes? Was bedeutet aus der Sicht des Kosmos der Verlust deines Terminkalenders?"

Der Zauberkasten

Warum sind viele Leute nicht erleuchtet?"

„Weil sie nicht die Wahrheit suchen, sondern das, was ihnen paßt", sagte der Meister.

Und er machte das an einer Sufi-Geschichte deutlich:

Ein Mann, der in Geldnot war, versuchte einen rauhen Teppich auf der Straße zu verkaufen. Der erste Passant, dem er ihn anbot, sagte: „Das ist ein grober Teppich und sehr abgenutzt." Und er kaufte ihn zu einem billigen Preis.

Eine Minute später sagte dieser Käufer zu einem anderen Mann, der gerade vorbeikam: „Hier ist ein

Teppich, weich wie Seide, Herr; keiner kommt ihm gleich."

Sagte ein Sufi, der alles beobachtet hatte: „Bitte, lieber Teppichverkäufer, stecke mich in deinen Zauberkasten, der einen rauhen Teppich in einen glatten verwandeln kann und einen Kiesel in einen Edelstein."

„Der Zauberkasten", fügte der Meister hinzu, „heißt natürlich Eigennutz: das wirksamste Instrument der Welt, um die Wahrheit in einen Betrug umzukehren."

Keine Vorstellung

Ich dachte, daß Spiritualität nichts mit Politik zu tun hat", sagte etwas entrüstet eine Frau aus dem Schülerkreis des Meisters, als sie zum ersten Mal von den politischen Aktivitäten des Meisters erfuhr.

„Der Grund für deine Annahme ist, daß du keine Vorstellung hast, was Spiritualität eigentlich ist", erwiderte darauf der Meister.

Am anderen Tag rief er sie zu sich und sagte: „Du hast auch keine Vorstellung, was Politik eigentlich ist."

Die Eintrittskarte

Gibt es so etwas wie *selbstlose Liebe*?" fragte jemand den Meister.

Als Antwort erzählte er diese Geschichte:

Mister Tugut sah mit Bangen, wie die Engel im Himmel sein Sündenregister überprüften. Endlich sah der Protokollengel auf und rief aus: „Das ist ja fabelhaft! Das ist unerhört! In deinem ganzen Leben hast du nicht die geringste Sünde begangen, nicht einmal die kleinste läßliche Sünde während deiner ganzen Lebenszeit! Alles, was du vollbracht hast, waren Werke der Nächstenliebe. Unter welcher Zuordnung sollen wir dich nun in den Himmel lassen? Nicht als Engel, denn ein Engel bist du nicht. Nicht als menschliches Wesen, denn du hast keine einzige Schwäche. Deshalb müssen wir dich für einen Tag wieder auf die Erde schicken, damit du wenigstens eine Sünde begehen und als menschliches Wesen wieder zu uns zurückkommen kannst."

So fand sich der arme sündenlose Mr. Tugut bald an einer Straßenecke seiner Heimatstadt wieder, unglücklich und verdattert, doch entschlossen, wenigstens einen kleinen Fehltritt zu tun. Es verging eine Stunde, dann zwei, dann drei. Mr. Tugut stand immer noch ratlos da und fragte sich, was er tun sollte. Als ihm schließlich eine großgewachsene, kräftige Frau zuwinkte, ging er bereitwillig zu ihr. Die Dame war weit davon entfernt, jung oder hübsch zu sein, doch sie war für ihn die Eintrittskarte in den Him-

mel. Und so ging er mit ihr fort und verbrachte mit ihr die Nacht. Als der Morgen dämmerte, warf Mr. Tugut rasch einen Blick auf die Uhr. Er mußte sich beeilen. Eine halbe Stunde noch, bis er wieder in den Himmel getragen werden sollte. Als er seine Sachen anlegte, erstarrte er, denn die alte Dame rief ihm aus dem Bett zu:

„Oh, lieber Mr. Tugut, was für ein großes Werk der Nächstenliebe haben Sie heute nacht vollbracht!"

Frei zu haben

Ein Kunstkritiker hielt im Kloster einen Vortrag.

„Kunst", sagte er, „findet man in einem Museum. Aber Schönheit gibt es überall: in der Luft, auf der Erde, an allen Orten, sie ist frei zu haben – mit keinem Namensschild markiert."

„Ebenso wie Spiritualität", sagte der Meister am nächsten Tag, als er mit seinen Schülern allein war. „Ihre Symbole findet man im Museum, der Tempel heißt, doch sie selbst ist überall da und frei zu haben; unerkannt, mit keinem Namensschild markiert."

Zivilisiert

Als einmal das Gespräch auf den modernen Fortschritt kam, erzählte der Meister von zwei Gästen aus einem Entwicklungsland, die er nach dem Stand der Wirtschaft in ihrem Land gefragt hatte. Einer der Besucher nahm daran Anstoß: „Was denken Sie", sagte er, „wir sind ein zivilisiertes Land; wir haben sogar mehrere Munitionsfabriken!"

Zwei Forderungen

Zu einem Sozialarbeiter sagte der Meister: „Ich fürchte, du richtest mehr Schaden an, als du Gutes tust."

„Warum das?"

„Weil du dich nur für eine der beiden Forderungen der Gerechtigkeit einsetzt."

„Nämlich?"

„Der Arme hat ein Recht auf Brot."

„Und was ist die andere Forderung?"

„Der Arme hat ein Recht auf Schönheit!"

Etwas bequemer

Was der Meister bei den meisten der Sozial-Aktivisten zu beanstanden hatte, war dies: sie suchten zu reformieren und nicht zu revolutionieren.

„Es war einmal ein sehr weiser und guter König", sagte er, „dem zu Ohren gekommen war, daß in seinem Staatsgefängnis eine Anzahl Unschuldiger eingesperrt waren. Daraufhin befahl er, ein anderes, bequemeres Gefängnis für Unschuldige zu bauen."

Klare Auskunft

In seiner Verehrung für den Meister betrachtete ihn ein Schüler wie eine inkarnierte Gottheit.

„Sag mir, o Meister, warum kamst du in diese Welt?" wollte er wissen.

„Um Narren wie dich zu lehren, ihre Zeit nicht mit der Anbetung von Meistern zu verschwenden", gab er zur Auskunft.

Mit Messer und Gabel

Als jemand voller Stolz von den wirtschaftlichen und kulturellen Errungenschaften in seinem Land sprach, zeigte sich der Meister davon völlig unbeeindruckt. „Haben alle diese Errungenschaften die leiseste Veränderung in den Herzen deiner Landsleute bewirkt?" fragte er.

Darauf erzählte er von dem weißen Mann, der von Kannibalen gefangengenommen und zu ihrem Oberhäuptling gebracht worden war, um später lebendig gebraten zu werden. Er staunte nicht schlecht, als er den Häuptling ein perfektes Englisch mit Harvard-Akzent sprechen hörte.

„Haben Ihre Jahre an der Harvard-Universität nichts an Ihren Gewohnheiten geändert?" fragte ihn der weiße Mann.

„Selbstverständlich haben sie das. Sie haben mir

Kultur beigebracht. Wenn Sie gebraten sind, werde ich zur Tafel den Abendanzug anziehen und Sie mit Messer und Gabel verspeisen."

Wo suchen?

Dein Irrtum ist, daß du Gott außerhalb von dir suchst", sagte der Meister.

„Soll ich ihn denn in meinem Inneren suchen?"

„Siehst du nicht, daß dein Inneres außerhalb von dir ist?" erwiderte der Meister.

Programmiert

Der Meister hielt den Menschen immer wieder ihre roboterhafte Lebensweise vor Augen: „Wie kannst du dich Mensch nennen, wenn jedes Denken, jedes Fühlen und Handeln mechanisch vor sich geht und nicht aus dir selbst kommt, sondern deiner Beeinflussung oder deinem Programmiert-Sein entspringt?"

„Kann etwas dieses Programmiert-Sein durchbrechen und uns davon loslösen?" fragte ein Schüler.

„Ja, Bewußtheit."

Und nach kurzem Nachdenken fügte er hinzu: „Und eine Katastrophe."

„Eine Katastrophe?"

„Ja. Ein sehr englischer Engländer erzählte mir einmal, daß er nach einem Schiffbruch mitten im Ozean mit einem anderen Engländer eine ganze Stunde lang im Meer geschwommen war, bis es ihm endlich gelang, sich von seinem Programmiert-Sein zu befreien und zu sprechen, ohne vorgestellt zu sein!"

„Was sagte er?"

„Er sagte: ‚Entschuldigen Sie, daß ich Sie so anspreche, ohne vorgestellt worden zu sein, aber ist das die Richtung nach Southampton?'"

Ohne Begriff

Der Meister warnte beharrlich vor dem Versuch, die Wirklichkeit in einen Begriff oder in einen Namen zu fassen.

Ein Student der Mystik stellte einmal die Frage: „Wenn Sie vom Sein sprechen, Sir, meinen Sie damit das ewige, transzendente Sein oder das transiente, kontingente Sein?"

Der Meister schloß seine Augen und dachte nach. Dann öffnete er sie, setzte seine entwaffnendste Miene auf und sagte: „Ja!"

Später sagte er: „Sobald du einen Namen für die Wirklichkeit nimmst, hört sie auf, die Wirklichkeit zu sein."

„Auch dann, wenn du es Wirklichkeit nennst?" fragte schelmisch ein Schüler.

„Selbst dann, wenn du es ‚es' nennst."

Hinweise

Der Meister sah es als seine Aufgabe an, jedes Lehr- oder Glaubenssystem, jeden Begriff vom Göttlichen zu zerstören, da diese ursprünglich als Hinweise gedachten Dinge immer als Beschreibungen genommen werden.

Er zitierte dabei mit Vorliebe das orientalische Wort:

„Wenn der Weise auf den Mond zeigt,
sieht der Idiot nur den Finger."

Die falsche Seite

Der Meister disputierte mit niemandem, wenn er merkte, daß sein Gegenüber nur eine Bestätigung seiner eigenen Auffassung suchte und nicht die Wahrheit.

Einmal führte er den Schülern den Wert eines Argumentes vor Augen:

„Fällt eine bestrichene Scheibe Brot mit der Butterseite nach unten oder nach oben?"

„Natürlich mit der Butterseite nach unten."

„Nein, mit der Butterseite nach oben."

„Probieren wir's doch aus!"

Also nahm er eine Scheibe Brot, bestrich sie mit Butter und warf sie hoch. Sie fiel – mit der Butterseite nach oben!

„Ich habe gewonnen!"
„Aber nur, weil ich einen Fehler gemacht habe."
„Was für einen Fehler?"
„Ich habe offensichtlich die falsche Seite bestrichen."

Ein Finger

Eine religiöse Überzeugung", sagte der Meister, „ist keine Aussage über die Wirklichkeit, sondern nur ein Hinweis, ein Fingerzeig auf etwas, das ein Geheimnis darstellt und jenseits des dem menschlichen Verstand Zugänglichen liegt. Kurz gesagt, eine religiöse Überzeugung ist nur ein Finger, der auf den Mond zeigt.

Manche Leute kommen über das Studium des Fingers nicht hinaus. Andere sind damit beschäftigt, an ihm zu lutschen. Wieder andere gebrauchen den Finger, um sich damit die Augen zuzudrücken. Das sind die frommen Eiferer, die die Religion blind gemacht hat.

Tatsächlich sind diejenigen selten, die den Finger weit genug von sich halten, um zu sehen, worauf er hinweist – es sind jene, die der Blasphemie bezichtigt werden, weil sie über Glaubensüberzeugungen hinausgegangen sind."

Begriffen

Eines Nachts führte der Meister seine Schüler auf das freie Feld unter einem sternenübersäten Himmel. Während er dann zu den Sternen zeigte und dabei die Schüler ansah, sagte er: „Jetzt konzentriere sich jeder auf meinen Finger."

Sie begriffen den Punkt.

Flügelschlagen

Beunruhigt über die Neigung des Meisters, jede Glaubensaussage über Gott zunichte zu machen, rief ein Schüler aus: „Mir bleibt nichts mehr, woran ich mich halten kann!"

„Das sagt der flügge gewordene Grünschnabel, wenn er aus seinem Nest gestoßen wird."

Später sagte der Meister noch: „Meinst du, du würdest fliegen, wenn du sicher im Nest deiner Glaubensüberzeugungen sitzt? Das ist kein Fliegen. Das ist nur dein Flügelschlagen!"

Veränderung

Demut ist keine alberne Selbstverachtung", sagte der Meister. Demut entspringt dem Verständnis, daß alles, was dir durch eigene Anstrengung gelingt, Veränderung deines Verhaltens ist – nicht deiner selbst."

„Demnach geschieht wahre Veränderung ohne eine Anstrengung?"

„So ist es", sagte der Meister.

„Und wie tritt sie ein?"

„Durch Bewußtheit", sagte der Meister.

„Und was muß man tun, um Bewußtheit zu erlangen?"

„Was tut man, um aufzuwachen, wenn man schläft?" sagte der Meister.

„So gibt es nichts wirklich Gutes, auf das man stolz sein könnte?"

Als Antwort darauf erzählte der Meister von einer Unterhaltung, der er zufällig gelauscht hatte:

„Welch eine Stimme hat unser Meister, wie göttlich er singt!"

„Ach, wenn ich seine Stimme hätte, würde ich genauso gut singen!"

Verzicht

Als der Herrscher eines benachbarten Königreiches seine Absicht kundtat, er wolle das Kloster besuchen, gerieten alle in Aufregung. Nur der Meister blieb, wie er immer war.

Der König wurde zum Meister geleitet. Er verneigte sich tief zur Begrüßung und sagte: „Es ist meine Überzeugung, daß du mystische Vollkommenheit erlangt hast, deshalb bin ich gekommen, um von dir Auskunft über das Wesen des Mystischen zu erhalten."

„Warum?" wollte der Meister wissen.

„Es ist mein Wunsch, die Natur des Seins zu erkunden, um dadurch imstande zu sein, mein eigenes Sein und das meiner Untertanen zu kontrollieren und mein Volk in Harmonie zu bringen."

„Gut", sagte der Meister, „aber ich muß dich warnen: wenn du bei deiner Erkundung weit genug gegangen bist, wirst du entdecken, daß die Harmonie, die du suchst, nicht durch Kontrolle, sondern durch Verzicht erlangt wird."

Die größte Sünde

Sagte der selbstgerechte Prediger:

„Welches ist deiner Einschätzung nach die größte Sünde der Welt?"

Der Meister antwortete:
„Wenn jemand andere Menschen als Sünder ansieht."

Klassifizieren

Es gibt tatsächlich zwei Arten von Menschen: die Pharisäer und die Zöllner", sagte der Meister, nachdem er das Gleichnis Jesu gelesen hatte.
„Wie erkennt man die Pharisäer?"
„Einfach daran, daß sie klassifizieren", antwortete der Meister.

Gleiche Entfernung

Alle Menschen sind nahezu gleich gut oder schlecht", sagte der Meister, der solche Etikettierungen verabscheute.
„Wie kannst du einen Heiligen und einen Sünder auf die gleiche Ebene stellen?" protestierte ein Schüler.
„Weil jeder von beiden von der Sonne gleich weit entfernt ist. Verringert sich wirklich die Entfernung, wenn du auf der Spitze eines Wolkenkratzers lebst?"

Der Preis

Der Meister behauptete, daß das, was alle Welt für wahr hält, falsch ist. So steht der Pionier immer allein. Er sagte:

„Du denkst über die Wahrheit, als wäre sie eine Formel, die du aus einem Buch herauspicken kannst. Wahrheit kostet den Preis der Einsamkeit. Wenn du der Wahrheit folgen willst, mußt du lernen, allein zu gehen."

Vor der Nase

Ich bin bereit, auf der Suche nach Wahrheit überall hinzugehen", rief der Schüler begeistert aus.

Der Meister amüsierte sich. „Wann brichst du auf?" fragte er.

„Sobald du mir sagst, wohin ich gehen soll."

„Ich schlage dir vor, in die Richtung zu wandern, in die deine Nase zeigt."

„Ja, aber wo mache ich halt?"

„Überall, wo du willst."

„Und wird die Wahrheit dort sein?"

„Ja. Gerade vor deiner Nase, in deine Augen starrend, die sie nicht sehen."

Ein neues Kleid?

Ist Erleuchtetsein einfach oder schwierig?"

„Es ist so einfach und so schwierig wie: zu sehen, was gerade vor deinen Augen ist."

„Wie kann es schwierig sein, zu sehen, was gerade vor meinen Augen steht?"

Darauf antwortete der Meister mit der folgenden Anekdote:

Ein Mädchen empfing seinen Freund mit den Worten:

„Fällt dir etwas an mir auf?"

„Ein neues Kleid?"

„Nein!"

„Neue Schuhe?"

„Nein. Etwas anderes."

„Ich gebe auf."

„Ich trage eine Gasmaske."

Der geheime Akt

Der Schüler war ein Buddhist. „Was ist der Geist des Buddha?" fragte er.

„Warum fragst du nicht nach deinem eigenen Geist oder eigenen Ich statt nach dem eines anderen?" fragte der Meister.

„Was ist denn mein Ich, o Meister?"

„Dazu mußt du lernen, was als ‚der geheime Akt' bekannt ist."

„Was ist der geheime Akt?"

„Dies", sagte der Meister, während er seine Augen schloß und wieder öffnete.

Ernsthaft erkrankt

Der Meister legte seinen Schülern dar, daß Erleuchtung dann eintritt, wenn sie das *nicht-deutende* Sehen erlangt hätten.

Die Schüler wollten nun wissen, was *deutendes* Sehen sei. Der Meister erklärte es ihnen so:

Ein paar katholische Straßenarbeiter waren an einer Baustelle nicht weit weg von einem Bordell beschäftigt, als sie einen Rabbi in dem nicht gerade angesehenen Haus verschwinden sahen.

„Na ja, was kann man schon erwarten?" tuschelten sie einander zu.

Nach einer Weile schlüpfte ein Pastor durch die Tür. Nichts Überraschendes. „Was kann man schon erwarten?"

Daraufhin kam der katholische Pfarrer, der sein Gesicht mit dem Mantel bedeckte, bevor er in dem Haus verschwand. „Ist das nicht schrecklich? Eines dieser Mädchen muß ernsthaft erkrankt sein."

Mutterglück

Der Meister erzählte gern diese Geschichte aus seiner Familie:

Nach der Geburt seines ersten Sohnes betrat der Meister einmal das Kinderzimmer und sah seine Frau über die Wiege mit dem Baby gebeugt. Ohne sich zu rühren, schaute er zu, wie sie das Neugeborene in seinem Schlaf betrachtete. Aus ihrem Gesicht sprach ungläubiges Staunen, Freude und Entzücken. Auf Zehenspitzen näherte er sich gerührt der Mutter, legte einen Arm um ihre Taille und flüsterte ihr zu: „Meine Liebe, ich kann mir genau vorstellen, was du jetzt fühlst."

Erschrocken in die Wirklichkeit zurückversetzt, platzte seine Frau heraus: „Ja. Ich wüßte für mein Leben gern, wie man solch eine Wiege für nur zwanzig Dollar herstellen kann."

Nicht an die erste Stelle

Jedesmal, wenn das Thema Gott zur Sprache kam, bestand der Meister darauf, daß Gott im Wesentlichen jenseits der Reichweite menschlichen Denkens – ein Geheimnis – ist und somit jede Aussage über Gott wahr ist, nicht ihn, sondern unseren Begriff von ihm betreffend.

Die Schüler zogen nie die Folgerungen daraus, bis der Meister sie ihnen eines Tages aufzeigte.

„Es ist nicht ganz richtig zu sagen, daß Gott die Welt erschuf oder daß Gott uns liebt oder Gott groß ist, denn von Gott läßt sich nichts aussagen. Deshalb sollte man um der Genauigkeit willen sagen: unser Gottes-Begriff erschuf die Welt, unser Gottes-Begriff liebt uns, unser Gottes-Begriff ist groß."

„Wenn dies wahr ist, sollten wir dann nicht jeden Begriff, den wir vom Göttlichen haben, aufgeben?"

„Es bestünde keine Notwendigkeit, auf deine Götzen zu verzichten, wenn du sie nicht an die erste Stelle setzen würdest."

Gott stirbt nicht

Es beunruhigte einige Schüler, daß der Meister sich kaum darüber Sorgen machte, ob Leute an einen personalen Gott glaubten oder nicht.

Er zitierte ihnen einmal einen Satz, für den er eine besondere Vorliebe hatte; er entstammt dem Tagebuch Dag Hammarskjölds, dem 1961 in Afrika ums Leben gekommenen Generalsekretär der Vereinten Nationen:

„Gott stirbt nicht an dem Tag, an dem wir nicht mehr an eine personale Gottheit glauben. Vielmehr sterben wir an dem Tag, an dem unser Leben nicht mehr vom beständigen Glanz der täglich erneuerten Wunder erhellt wird, deren Quellen jenseits aller Vernunft liegen" („Wegzeichen").

Das Problem

Einmal beobachtete der Meister, wie sich eine große Menschenmenge vor der Klosterpforte versammelte. Sie sangen Lobeshymnen auf ihn und entfalteten ein Transparent mit der Aufschrift „Christus ist die Antwort".

Er ging zu dem streng dreinschauenden Mann, der das Spruchband trug, und sagte: „Ja, aber wie lautet die Frage?"

Der Mann war momentan sprachlos, fing sich aber bald wieder und erwiderte: „Christus ist nicht die Antwort auf eine Frage, sondern die Antwort auf unsere Probleme."

„Was ist in diesem Fall das Problem?"

Später sagte der Meister zu den Schülern: „Wenn Christus tatsächlich die Antwort ist, dann bedeutet Christus: die klare Erkenntnis darüber, *wer* das Problem schafft und *wie*."

Eine Gabe

Was muß ich tun, um erleuchtet zu sein?" fragte der wißbegierige Schüler.

„Die Wirklichkeit so sehen, wie sie ist", erwiderte der Meister.

„Gut, und was muß ich tun, um die Wirklichkeit so zu sehen, wie sie ist?"

Der Meister lächelte und sagte: „Ich habe gute Nachricht und schlechte Nachricht für dich, mein Freund."

„Was ist die schlechte Nachricht?"

„Es gibt nichts, was du tun kannst, um zu sehen – es ist eine Gabe."

„Und was ist die gute Nachricht?"

„Es gibt nichts, was du tun kannst, um zu sehen – es ist eine Gabe."

Glaubst du

Der Prediger war fest entschlossen, dem Meister eine unzweideutige Glaubensaussage über Gott zu entlocken.

„Glaubst du, daß es einen Gott gibt?"

„Natürlich glaube ich das", antwortete der Meister.

„Und daß er alles geschaffen hat, glaubst du das?"

„Ja, ja", sagte der Meister, „bestimmt glaube ich das."

„Und wer hat Gott geschaffen?"

„Du", erwiderte der Meister.

Der Prediger schaute ihn entgeistert an. „Willst du mir im Ernst erzählen, daß ich Gott geschaffen habe?"

„Den, über den du ständig *nachdenkst* und *sprichst* – ja!" sagte der Meister ruhig.

Mit Teelöffeln

Menschliche Probleme widerstehen hartnäckig ideologischen Lösungen, stellte der Fachmann für effektivere Arbeitsvorgänge aus eigener Erfahrung fest, als er dem Meister vorführte, wie man heute einen Graben nach modernen Methoden aushebt. „Diese Maschine", sagte er, „hat Scharen von Männern die Arbeit weggenommen. Man sollte sie eigentlich zerstören und dafür hundert Männer mit Hacke und Schaufel in diesen Graben stellen."

„Richtig", sagte der Meister, „oder noch besser tausend Männer mit Teelöffeln."

Auf Kredit

Der Meister lehnte Ideologien aus dem einfachen Grund ab, da sich ihre Theorien zwar einsichtig anhören, aber mit der Wirklichkeit nie übereinstimmen.

Er erzählte von einem Ideologen, der einmal sagte: „Das ist doch eine verrückte Welt! Die Reichen kaufen auf Kredit, obwohl sie im Geld schwimmen, aber die Armen, die keinen Pfennig haben, müssen in bar zahlen."

„Was schlägst du also vor?" fragte jemand.

„Das Ganze umkehren. Laß die Reichen bar zahlen und gib den Armen Kredit."

ARBEITS-
PLÄTZE

„Aber wenn ein Kaufmann den Armen Kredit gibt, wird er bald selbst arm enden."

„Großartig!" sagte der Ideologe, „dann kann er auch auf Kredit kaufen."

Die Rolläden

Der Meister fand es ermüdend, mit Leuten zu sprechen, die ständig darauf erpicht waren, die Existenz Gottes zu verteidigen oder über sein Wesen zu diskutieren, während sie die höchst wichtige Aufgabe der eigenen Bewußtseinsfindung, die allein ihnen Liebe und Befreiung geben könnte, vernachlässigten.

Einer Gruppe von Leuten, die den Meister baten, zu ihnen von Gott zu sprechen, sagte er: „Worum es euch leider geht, ist, von Gott zu sprechen, lieber als ihn zu sehen. Und ihr seht ihn so, wie ihr *denkt,* daß er ist, und nicht, wie er *wirklich* ist. Denn Gott tut sich kund, er ist nicht verborgen. Warum sprechen? Macht eure Augen auf und seht."

Später fügte er noch hinzu: „Sehen ist die einfachste Sache der Welt. Alles, was man dazu tun muß, ist, die Rolläden von den Gottesgedanken hochzuziehen."

Nicht bei Sinnen

Sagte ein Schüler: „Wir haben anzuziehen und zu essen – wie kommen wir von all dem weg?"

„Wir essen und wir trinken", sagte der Meister.

„Ich verstehe nicht."

„Wenn du nicht verstehst, dann kleide dich an und iß dein Mahl."

Später sagte er: „Du erhebst dich über etwas, dem du aus dem Wege gehst!"

Und noch später: „Leute, die sich über ein gut zubereitetes Mahl und ein gut geschnittenes Gewand erheben wollen, sind spirituell nicht bei Sinnen."

Die Freiheit des Adlers

Was bedeutet es, erleuchtet zu sein?"

„Zu sehen."

„Was?"

„Die Hohlheit von Erfolg, die Leerheit von Errungenschaften, die Nichtigkeit menschlichen Strebens", sagte der Meister.

Der Schüler war entsetzt: „Aber das ist doch Pessimismus und Verzweiflung?"

„Nein! Das ist die Erregung und Freiheit des Adlers, der über eine abgrundtiefe Schlucht dahinschwebt."

Miserabel

„Der häufigste Grund des Unglücklichseins", erklärte der Meister, „ist der gefaßte Entschluß, unglücklich zu sein. Daher kommt es, daß von zwei Personen in genau derselben Situation sich die eine glücklich und die andere miserabel fühlt."

Er erzählte, wie sich seine kleine Tochter gesträubt hatte, in ein Ferienlager zu gehen. In seinem Bemühen, ihr die Bedenken zu zerstreuen, adressierte der Meister einige Postkarten an sich selbst und gab sie dem Kind.

„Schreib bloß drauf ‚Es geht mir gut'", sagte er, „und steck jeden Tag eine Karte in den Briefkasten."

Das Mädchen überlegte kurz und fragte: „Wie schreibt man ‚miserabel'?"

Abstraktionen und Marionetten

Der Meister war ein großer Freund der Geschichtsforschung. Was er jedoch bei Geschichtsstudenten zu beklagen hatte, war, daß sie die wertvollsten Lehren, die die Geschichte zu bieten hat, meist übersehen.

„Welche, zum Beispiel?" wollte ein Student wissen.

„Zum Beispiel die Sicht der Probleme, die einmal so konkret und lebendig waren und nun nichts weiter sind als kalte Abstraktionen in einem Buch. Die

Gestalten im Drama der Geschichte, die einst für so mächtig galten, doch in Wirklichkeit bloß Marionetten waren, an Fäden gezogen, die so offensichtlich für uns sind und von denen die Ärmsten keine Ahnung hatten."

Gibst du mir ...

Sagte der Meister: „Was du Freundschaft nennst, ist in Wirklichkeit ein Geschäft: Entsprich meinen Erwartungen, gibt mir, was ich möchte, und ich werde dich lieben; weise mich ab, und meine Liebe schlägt in Groll und Gleichgültigkeit um."

Er erzählte von dem Familienvater, der nach einem anstrengenden Arbeitstag zu seiner Frau und seinem niedlichen, drei Jahre alten Töchterchen nach Hause kam.

„Bekommt Daddy einen Kuß?"

„Nein!"

„Schäm dich! Dein Daddy muß den ganzen Tag hart arbeiten, um etwas Geld nach Hause zu bringen, und du behandelst ihn so! Wo ist der Kuß?"

Das niedliche, drei Jahre alte Töchterchen schaute ihm in die Augen: „Und wo ist das Geld?"

Sagte ein Schüler: „Ich gebe meine Liebe nicht für Geld."

Sagte der Meister: „Ist es nicht ebenso schlecht – oder gar schlimmer –, wenn du Liebe für Liebe verlangst?"

Reichlich bezahlt

Ein verzweifelter Schüler beklagte sich wegen seiner Behinderungen, daß er vom Leben betrogen worden sei.

„Betrogen?" rief der Meister aus, „betrogen? Schau um dich, Mensch! Mit jedem Augenblick Bewußtsein bist du reichlich überbezahlt!"

Unzufrieden

Der Meister setzte das Thema fort mit der Geschichte von dem Hotelbesitzer, der sich bitter über die Folgen beklagte, die der Bau einer neuen Schnellstraße für sein Geschäft mit sich gebracht hatte.

„Hör mal zu", sagte ihm ein Freund. „Ich kann dich einfach nicht verstehen. Jeden Abend sehe ich das Schild ‚Besetzt' vor deinem Hotel."

„Danach kannst du nicht gehen. Bevor die Schnellstraße gebaut wurde, mußte ich jeden Tag dreißig bis vierzig Leute fortschicken. Jetzt schicke ich nie mehr als fünfundzwanzig weg."

Fügte der Meister hinzu: „Wenn du entschlossen bist, negativ zu empfinden, sind sogar nichtexistierende Kunden wirkliche Kunden."

Wer hat schon das Glück?

Diese Geschichte erinnerte die Schüler an den Pessimisten, der sagte: „Das Leben ist schrecklich, es wäre besser gewesen, nicht geboren worden zu sein."

„Ja", erwiderte der Meister mit einem Funkeln in seinen Augen, „aber wie viele haben diese Art von Glück? Einer unter zehntausend vielleicht."

Ein Erstrahlen der Ewigkeit

Der Meister muß gewußt haben, daß seine Worte oft über das Verständnis seiner Schüler hinausgingen. Er sagte sie trotzdem im Wissen darum, daß der Tag sicherlich einmal kommen würde, an dem seine Worte in den Herzen derer, die ihn hören, Wurzeln schlagen und erblühen würden.

Eines Tages sagte er:

„Die Zeit erscheint dir immer sehr lang, wenn du *wartest* –

auf Ferien, auf eine Prüfung, auf etwas, wonach du dich sehnst

oder wovor du in der Zukunft Angst hast.

Doch denen, die es wagen, sich der Erfahrung des gegenwärtigen Augenblicks auszusetzen – mit keinem Gedanken an die Erfahrung, keinem Verlangen, daß sie wiederkehre oder dich verschone –, wird die Zeit zum Erstrahlen der Ewigkeit."

Spannkraft

Dich macht die Gemächlichkeit des Lebens kaputt", sagte der Meister zu einem Schüler, der es von der lockeren Seite nahm. „Nur eine Katastrophe kann dich retten."

Und so machte er seine Feststellung deutlich:

„Wirf einen Frosch in eine Wanne heißes Wasser, und er wird in Sekundenschnelle herausspringen. Setz ihn in eine Wanne Wasser, das ganz allmählich erwärmt wird, und er wird die Spannkraft zum Springen verlieren, wenn der Moment zum Hüpfen gekommen ist."

Lerne Befehle erteilen

Fragte der Herrscher: „Hast du mich auf etwas hinzuweisen, das ich bei der Ausübung meines Amtes befolgen sollte?"

„Ja, lerne, wie Befehle zu erteilen sind."

„Wie?"

„So, daß andere sie entgegennehmen können, ohne sich untergeordnet zu fühlen", sagte der Meister.

Getäuscht

Als der Meister gefragt wurde, wie man Stille entdecken kann, erzählte er diese Geschichte:

Eine Faktorei war am Ankauf von Ochsenfroschhäuten interessiert. Ein Farmer telegrafierte der Firma, daß er jede Anzahl nach Bedarf liefern könnte, bis zu hunderttausend Häute und mehr. Die Firma drahtete zurück: „Bitten um erste Lieferung von fünfzigtausend."

Zwei Wochen später traf mit der Post eine einzige Brüllfroschhaut ein und dazu die Notiz: „Sehr geehrte Herren, ich bitte um Entschuldigung. Das ist alles, was es an Froschhäuten in der Nähe gab. Das Gequake hat mich sicher getäuscht."

Danach sagte der Meister: „Untersuche den Lärm, den die Leute machen. Dann durchschaue den Lärm, den du selbst machst, und du wirst nichts, nur Leere – und Stille finden."

Niemand

Mein Leben ist ein Scherbenhaufen", sagte der Besucher. „Meine Seele ist mit Sünde befleckt. Gibt es noch Hoffnung für mich?"

„Ja", sagte der Meister. „Es gibt etwas, wodurch alles Zerbrochene wieder verbunden und jeder Makel weggewischt wird."

„Was?"

„Vergebung."

„Wem vergebe ich?"

„Jedem: dem Leben, Gott, deinem Nächsten – vor allem dir selbst."

„Wie geschieht das?"

„Durch Verstehen, daß niemand zu beschuldigen ist", sagte der Meister. „NIEMAND."

Der kleine Eisbär

Die Leute waren empört, als der Meister sagte, daß wahre Religion keine soziale Angelegenheit sei. Er erzählte:

„Ein kleiner Eisbär fragte seine Mutter: ‚Mami, war mein Papa auch ein Eisbär?'

‚Natürlich war er ein Eisbär.'

Und nach einer Weile: ‚Sag, Mami, war mein Großvater auch ein Eisbär?'

‚Ja, er war auch ein Eisbär.'

‚Und mein Urgroßvater, war er auch ein Eisbär?'

‚Ja, er war einer. Warum fragst du?'

‚Weil ich friere.'"

Der Meister schloß: „Religion ist weder sozial, noch ist sie ererbt. Sie ist etwas ganz und gar Personales."

Bedeutungslos

Ich suche nach der Bedeutung des Daseins", sagte der Fremde.

„Du setzt dabei natürlich voraus", sagte der Meister, „daß das Dasein eine Bedeutung hat."

„Ist es etwa nicht so?"

„Sobald du Dasein als das erfährst, was es ist – und nicht, was du meinst, daß es ist –, wirst du entdecken, daß deine Frage keine Bedeutung hat", erwiderte der Meister.

Soziale Befreiung

Gibt es so etwas wie soziale Befreiung?"

„Natürlich gibt es sie", sagte der Meister.

„Wie würdest du sie beschreiben?"

„Befreiung von dem Bedürfnis, zur Herde zu gehören", antwortete der Meister.

Der Held

Mein Freund", sagte der Meister zum Freiheitskämpfer in seiner Gefängniszelle, „du wirst deiner Hinrichtung morgen tapfer entgegengehen. Nur eines hält dich zurück, den Tod mit Freude zu begehen."

„Was ist das?"

„Der Wunsch, daß deine Heldentaten in Erinnerung bleiben. Das Verlangen, daß künftige Generationen deinem heroischen Kampf Anerkennung zollen."

„Ist daran etwas falsch?" fragte der zum Tode Verurteilte.

„Ist es dir schon einmal in den Sinn gekommen, daß nicht *du* es bist, mit dem die Nachwelt deine Taten verbindet, sondern dein *Name*?"

„Ist nicht beides dasselbe?"

„O nein, mein Freund! Dein Name ist der Klang, auf den du reagierst. Dein Aushängeschild, dein Kennzeichen. Wer bist *du*?"

Das war alles, was der Mann brauchte, um im Dunkel dieser Nacht zu „sterben" – noch bevor das Vollstreckungskommando beim Morgendämmern vor seiner Tür stand.

Vornehm

Die Nachricht vom Gespräch des Meisters mit dem hingerichteten Mann sickerte nach draußen zu seinen Schülern.

„Der eigene Name ist doch bestimmt noch etwas mehr als nur ein Klang", sagten sie.

Als Antwort erzählte ihnen der Meister die Geschichte von dem Straßenhändler, der mehrfacher Millionär geworden war und der auf Schecks zwei

Kreuze machte, statt sie mit seinem Namen zu unterzeichnen, denn er hatte nie lesen und schreiben gelernt.

Eines Tages nahm der Angestellte am Bankschalter einen Scheck entgegen, auf dem zu seiner Überraschung drei Kreuze eingezeichnet waren. „Das ist meine Frau", klärte der Millionär den Bankangestellten auf, „sie hat gesellschaftliche Ambitionen. Das zweite x in der Reihe ist mein zweiter Familienname."

Wenn du drin bleibst

Die Schüler saßen am Ufer eines Flusses.

„Wenn ich jetzt den Hang hinunterfalle, muß ich dann ertrinken?" fragte einer der Schüler.

„Nein", sagte der Meister. „Nicht wenn du in den Fluß hineinfällst, mußt du ertrinken; wenn du drin bleibst."

Es regnet

Als der Meister das Bildwort Jesu erklärte, in dem von Menschen die Rede ist, die „Mücken aussieben und Kamele verschlucken", erzählte er, wie während des Krieges bei einem schweren Luftangriff alle im Keller des Klosters Schutz suchen mußten. Den ganzen Tag saßen sie im Dunkeln und hörten, wie draußen die Bomben detonierten. Als der Abend kam, konnten zwei das Warten nicht länger ertragen.

„Wir haben genug", sagten sie. „Bomben hin, Bomben her, wir gehen nach Hause."

Sie verließen den Keller, kamen aber keine drei Minuten später wieder zurück.

„Wie ich sehe, habt ihr euere Meinung geändert", sagte der Meister lächelnd.

„Ja", sagten sie verärgert. „Es hat angefangen zu regnen."

Die Last

Wie froh der Meister aussieht", bemerkte ein Besucher.

Sagte ein Schüler: „Man kommt immer froh daher, hat man erst einmal die Last abgeworfen, die Ego heißt."

So schnell es geht

Der Meister wurde gefragt, was er von den Errungenschaften der modernen Technik halte. Seine Antwort war:

Einem zerstreuten Professor fiel in letzter Minute ein, daß er eine Vorlesung halten mußte. Er sprang in ein Taxi und rief: „Los, fahren Sie, so schnell Sie können!"

Als das Taxi in voller Fahrt war, merkte der Professor, daß er dem Fahrer gar nicht das Ziel angegeben hatte. „Wissen Sie denn, wohin ich möchte?" rief er ihm zu.

„Nein, mein Herr", sagte der Taxifahrer, „aber ich fahre, so schnell ich kann."

Der Maßstab

Eine große Schar von Freunden und ehemaligen Schülern hatte sich versammelt, um den neunzigsten Geburtstag des Meisters zu feiern.

Kurz vor Schluß der Party stand der Meister auf und sagte:

„Das Leben wird nach der Qualität und nicht nach der Zahl der Tage gemessen."

Denken

Der Meister sorgte dafür, daß die Klosterbibliothek mit Büchern aus allen erdenklichen Fachgebieten ausgestattet war: Politik, Architektur, Philosophie, Dichtung, Agrarwissenschaft, Geschichte, Psychologie, Kunst, schließlich die Abteilung, aus der er die meisten Bücher benützte: Belletristik.

Sein wiederholter Ausspruch war: „Gott bewahre uns vor Leuten, die nicht *denken, denken, denken!*"

Wie er sagte, fürchtete er nichts mehr als einspuriges Denken, den Ein-Buch-Fanatiker.

Dies irritierte die Schüler, denn es stand in völligem Widerspruch zur *nicht-denkenden* Wahrnehmung, zur *nicht-begrifflichen Bewußtheit,* dem Hauptpfeiler der Lehre des Meisters.

Als er darauf direkt angesprochen wurde, war seine doppeldeutige Antwort: „Ein Dorn kann mittels eines anderen Dornes herausgezogen werden, oder nicht?"

Bücher

Der Meister hatte ein großes Warnschild mit einem Totenkopf in der Klosterbibliothek anbringen lassen. Darauf stand in großen Buchstaben: BÜCHER TÖTEN!

„Warum?" wollte jemand wissen.

„Weil Bücher Ideen gebären, die zu Überzeugungen erstarren können, was eine Verhärtung des Geistes und eine verzerrte Wahrnehmung der Wirklichkeit zur Folge hat."

Weite Sicht

Ein Schüler beklagte sich über die Gewohnheit des Meisters, alle seine hochgehaltenen Überzeugungen über den Haufen zu werfen.

Sagte der Meister:

„Ich lege Feuer an den Tempel deiner Überzeugungen, denn wenn er niedergebrannt ist, wirst du eine ungehinderte Sicht auf den weiten, grenzenlosen Himmel haben."

Den halben Weg

Der Meister begegnete einem uralten Nachbarn, der schlürfend und auf einen Stock gestützt daherkam.

„Guten Morgen", rief er ihm zu. „Wie geht es dir auf deine alten Tage?"

„Nicht besonders gut", sagte der Mann mit zittriger Stimme. „Früher ging ich jeden Morgen vor dem Frühstück um den Block herum. Jetzt fühle ich mich so schwach, daß ich nur den halben Weg zurücklegen kann und dann umkehren und noch einmal kommen muß."

Nicht-abhängig-Sein

Der Meister empfahl kritische Wachheit gegenüber dem Gottesdienst.

„Aber müssen wir uns unserer Abhängigkeit von Gott bewußt bleiben?" wurde er gefragt.

Sagte der Meister: „Der Liebende wünscht das Wohl der Geliebten – was unter anderem die Befreiung der Geliebten vom Liebenden erfordert."

Später trug er einen imaginären Dialog zwischen Gott und dem ihn Anbetenden vor.

Anbetender: Gott, ich bitte dich, verlaß mich nicht!

Gott: Ich gehe, damit der Heilige Geist komme.

Anbetender: Was ist dieser Heilige Geist?

Gott: Die Furchtlosigkeit und Freiheit, zu der das Nicht-abhängig-Sein führt.

Noch mehr

Der Meister erzählte einmal von einem Nachbarn auf dem Land, der geradezu darauf versessen war, immer neues Weideland zu kaufen.

„Ich wünschte mir, ich hätte mehr Land", sagte er eines Tages.

„Wozu denn?" fragte der Meister. „Hast du nicht schon genug?"

„Hätte ich mehr Land, könnte ich mehr Rinder züchten."

„Und was würdest du mit ihnen tun?"

„Verkaufen und Geld verdienen."

„Wofür?"

„Um mehr Land zu kaufen und viele Kühe zu züchten."

Die Hilfe des Vaters

Der Prediger diskutierte mit dem Meister über die Frage, inwieweit der Mensch von Gott abhängig ist.

„Gott ist unser Vater", sagte er, „und immer werden wir auf seine Hilfe angewiesen sein."

Sagte der Meister: „Hilft der Vater seinem minderjährigen Kind, lächelt alle Welt. Hilft ein Vater seinem erwachsenen Kind, weint alle Welt."

Nur mit Waffenschein

Der Meister vertrat eine entschiedene Meinung in der Frage der Familienplanung. Allen, die dafür kämpften, daß die Größe der Familie Privatsache der Eltern oder eine innere Angelegenheit eines Landes sei, hielt er die folgende Parabel entgegen:

Es war einmal ein Land, in dem es möglich geworden war, daß jeder eigene Atombomben entwickeln und erwerben konnte – zwar nur kleine in der Größe einer Handgranate, doch groß genug, um damit eine ganze Stadt in die Luft zu jagen.

Eine heftige Debatte entbrannte über das Recht der Bürger, derartige Explosionswaffen zu besitzen – bis man sich schließlich auf folgenden Kompromiß einigte: In der *Öffentlichkeit* ist das Tragen atomarer Waffen nur mit amtlichem Waffenschein erlaubt, *zu Hause* ist es dem Belieben jedes einzelnen anheimgestellt.

Desto weniger Freude

Bei einem Gespräch mit dem Meister wies jemand auf die erstaunliche Zunahme der Verbreitung eines Sex-Magazins hin.

„Sehr schlimm", war sein kurzer Kommentar dazu. „Mit dem Sex ist es wie mit der Wirklichkeit: je mehr du darüber liest, desto weniger kennst du sie."

Dann fügte er noch an: „Und desto weniger Freude hast du an ihr."

Die Therapie

Die moderne Welt leidet zunehmend an sexueller Anorexie", sagte der Psychiater.

„Was ist das?" fragte der Meister.

„Ein Mangel an Appetit auf Sex."

„Wie schlimm", sagte der Meister. „Was ist dagegen zu tun?"

„Wir wissen es nicht. Oder wissen Sie es vielleicht?"

„Ich glaube schon."

„Was?"

„Sex wieder zu einem Zeichen zu machen", erwiderte der Meister mit schelmischem Lächeln.

Doch nicht auf dem Schoß

Während der Meister auf der einen Seite die Methoden der Psychotherapie nicht ablehnte, ja sogar hervorhob, daß sie in manchen Fällen unentbehrlich seien, machte er auf der anderen Seite von seiner Ansicht kein Geheimnis, daß ein Psychotherapeut nur Erleichterung bringt; er löst Ihr Problem eigentlich nicht, sondern tauscht es gegen ein anderes, bequemeres um.

Er erzählte, wie er einmal nach dem Zweiten Weltkrieg in einem Bus saß und interessiert einen Mann beobachtete, der einen in Zeitungspapier eingewikkelten schweren Gegenstand auf seinen Knien liegen hatte.

„Was haben Sie da auf dem Schoß?" fragte ihn der Schaffner.

„Das ist eine Bombe, sie ist noch scharf. Ich bringe sie zur Polizei."

„Um Himmels willen! Sie wollen das Ding doch wohl nicht auf dem Schoß tragen! Tun Sie das Paket gefälligst unter den Sitz."

Wählen

An Wahltagen war der Meister immer einer der ersten, der seinen Stimmzettel in die Urne warf.

Er konnte nie verstehen, warum manche seiner Schüler von ihrem Wahlrecht nicht Gebrauch machten.

„Die Leute zahlen bereitwillig ihre Steuern und vergießen ihr Blut für die Demokratie", sagte er. „Warum machen sie sich nicht die Mühe, zu wählen und sie funktionieren zu lassen?"

DEMOKRATIE

Der Fensterputzer

Der Meister erzählte gern diese Geschichte, um zu zeigen, mit welchen Augen Leute auf andere Leute schauen:

In den ersten Jahren nach seiner Heirat wohnte der Meister in einem Appartement, das im 20. Stock eines Hochhauses lag. Seine junge Frau stand einmal unter der Dusche und wollte gerade nach dem Handtuch greifen, als sich ihr Blick mit dem eines Fensterputzers draußen vor ihrem Fenster traf. Wie angewurzelt stand sie eine Weile da, vor Verblüffung nicht imstande, eine Bewegung zu machen.

Der Mann unterbrach die Arbeit: „Was ist los, junge Frau?" sagte er. „Haben Sie noch niemals einen Fensterputzer gesehen?"

Der Lebenswunsch

Die Geburt seines ersten Kindes erfüllte den Meister mit Freude. Staunend blickte er das Neugeborene immer wieder an.

„Was wünschst du ihm, einmal zu sein, wenn es groß geworden ist?" fragte ihn jemand.

„Maßlos glücklich", antwortete der Meister.

Schlafwandler

Du kannst mir gratulieren!"

„Wieso?"

„Endlich habe ich einen Job gefunden, der mir ein ausgezeichnetes Vorwärtskommen bietet."

Sagte der Meister traurig: „Du warst gestern ein Schlafwandler, du wandelst heute im Schlaf, und du wirst schlafwandeln, bis du stirbst. Was für eine Art von Vorwärtskommen ist das?"

„Es geht um das finanzielle Vorwärtskommen, von dem ich sprach, nicht um geistliches Vorwärtskommen."

„Ach, ich verstehe. Ein Schlafwandler mit einem Bankkonto und dabei nicht aufgewacht, um sich zu freuen!"

Erwacht

Erleuchtetsein", erklärte der Meister, als er darauf angesprochen wurde, „ist ein Erwachen."

„Du schläfst immer noch und weißt es nicht."

Dann fuhr er fort und erzählte die Geschichte von der jungvermählten Frau, die sich über die Trinkgewohnheiten ihres Mannes beklagte.

„Warum hast du ihn geheiratet, wenn du wußtest, daß er trinkt", wurde sie gefragtg.

„Ich hatte keine Ahnung, daß er trinkt", sagte die junge Frau, „bis er eines Nachts nüchtern nach Hause kam."

Nicht für Spatzen

Jesus sprach von den Vögeln des Himmels und den Blumen des Feldes, an denen sich die Menschen ein Beispiel nehmen sollen, was der Meister auch tat. Er erzählte oft von dem Brief, den einmal ein wohlhabender Nachbar an ihn richtete. Darin stand:

„Sehr geehrter Herr,
ich schreibe Ihnen wegen der Vogeltränke, die ich für den Klostergarten gestiftet habe. Ich möchte Sie darüber informieren, daß sie nicht von den Spatzen benutzt werden darf."

Erwählt

Während ein Besucher dem Meister seine Religion erklärte, sagte er: „Wir glauben, Gottes auserwähltes Volk zu sein."

„Was heißt das?" wollte der Meister wissen.

„Daß Gott uns unter allen Völkern der Erde ausgewählt hat."

„Ich glaube, ich kann erraten, welches unter all den Völkern der Erde diese Entdeckung gemacht hat", entgegnete der Meister durchdringend.

Gute Nachricht

Ich möchte Ihnen die gute Nachricht meiner Religion verkünden", sagte der Prediger.

Der Meister war ganz Ohr.

„Gott ist die Liebe. Er liebt uns und belohnt uns auf ewig, wenn wir seine Gebote befolgen."

„*Wenn?*" sagte der Meister. „Dann ist die Nachricht doch nicht so ganz gut, oder?"

Veranlagung

Ein schlecht verpacktes Paket mit Bibeln platzte auf dem Postamt auseinander. Bibeln in wertvollem Ledereinband und mit Goldschnitt übersäten den Boden. Ein Postangestellter konnte der Versuchung nicht widerstehen und nahm ein Exemplar an sich.

Als er das später beichtete, sagte der Meister: „Aber was in aller Welt ließ Sie eine Bibel stehlen?"

„Meine religiöse Veranlagung", erwiderte der Mann zerknirscht.

Bei den meisten

Manche Leute behaupten, es gäbe kein Leben nach dem Tod", sagte ein Schüler.

„Tun sie das?" fragte der Meister unverbindlich.

„Wäre es nicht furchtbar zu sterben, ohne jemals wieder zu sehen, zu hören, zu lieben oder sich zu bewegen?"

„Findest du das furchtbar?" erwiderte der Meister. „Das ist doch bei den meisten Menschen so, noch bevor sie gestorben sind."

Wie ein Kind

Eine Schülerin entschloß sich, dem Meister persönlichere und direktere Fragen zu stellen.

„Glaubst *du* eigentlich an ein Leben nach dem Tod?" wollte sie von ihm wissen.

„Merkwürdig, daß du dich an dieses Thema so anklammerst" sagte der Meister.

„Warum soll das merkwürdig sein?"

„Hier hast du diesen strahlenden Maientag vor dir", erwiderte der Meister und zeigte aus dem Fenster. – „Wie ein Kind, das sich heute zu essen weigert, weil es weiß, was morgen kommt. Du hast Hunger. Iß dein tägliches Brot!"

Einer muß zahlen

Der Meister ergötzte manchmal die Besucher mit Geschichten des gefürchteten Mullah Nasrudin.

Nasrudin wälzte sich eines Nachts in seinem Bett hin und her. Da sagte seine Frau zu ihm: „Was ist denn los? Schlaf endlich ein!"

Der Mullah stöhnte und gab zu verstehen, daß er die sieben Silbermünzen nicht habe, die er seinem Nachbarn Abdullah schulde und morgen zurückzahlen müsse. Dies plagte ihn so sehr, daß er beim besten Willen nicht einschlafen konnte.

Da stand seine Frau kurzerhand auf, warf sich einen Schal um die Schultern, ging auf die Straße und rief: „Abdullah! Abdullah!", bis der alte Abdullah schließlich ans Fenster kam, sich den Schlaf aus den Augen rieb und fragte: „Was ist denn los? Um was geht's?"

Die Frau rief laut zurück: „Ich bin nur gekommen, um dir zu sagen, daß du morgen deine Silbermünzen nicht bekommen wirst. Mein Mann hat sie nicht aufgetrieben." Danach drehte sie sich um und ging wieder nach Hause. „Schlaf ein, Nasrudin", sagte sie ihrem Mann, „jetzt kann sich Abdullah Sorgen machen."

Und der Meister schloß: „Einer muß zahlen. Plagt jemanden etwas?"

Der Unterschied

Was ist Erleuchtetsein konkret?"

„Die Wirklichkeit so sehen, wie sie ist."

„Sieht denn nicht jeder die Wirklichkeit so, wie sie ist?"

„O nein! Die meisten Menschen sehen sie so, wie sie glauben, daß sie ist."

„Worin liegt der Unterschied?"

„Der Unterschied ist: in einem Fall glaubst du, du ertrinkst in den stürmischen Wogen eines Sees, im anderen weißt du, daß du nicht ertrinken kannst, weil weit und breit kein Wasser ist."

Was für eine Nachricht

Als der Prediger wieder über das Thema der guten Nachricht sprach, unterbrach ihn der Meister mit der Frage:

„Was für eine gute Nachricht ist das, die die Menschen so einfach in die Hölle kommen läßt und so schwer in den Himmel?"

Kein Zeichen

Um die Tatsache anschaulich zu machen, daß es einfach keine befriedigenden Symbole für Gott gibt, erzählte der Meister, wie seine Frau ihn einmal im Auto durch eine sehr belebte Straße der Stadt fuhr.

Dabei stieß sie mit einem entgegenkommenden Auto zusammen. Der Fahrer drehte das Fenster herunter und brüllte: „Konnten Sie kein Zeichen geben für das, was Sie vorhatten?"

Darauf erwiderte die Frau trotzig: „Es gibt kein Zeichen für das, was ich vorhatte."

Gegensätzliche Richtungen

Eines Tages stand der Meister dem Prediger gegenüber, der von keinen Zweifeln in seinen Überzeugungen geplagt war und sich selbstgerecht in seinen guten Werken sonnte.

Er sagte ihm: „Mein Freund, ich habe manchmal das Gefühl: wenn du einmal sterben wirst, stirbst du, ohne jemals gelebt zu haben – es wird so sein, als wäre das Leben an dir vorbeigegangen."

Und nach einer kurzen Pause fügte der Meister hinzu: „Nein, schlimmer als das: das Leben und du verliefen in gegensätzlichen Richtungen."

Atmosphäre

Der Meister war gewiß nicht ahnungslos hinsichtlich dessen, was sich in der Welt abspielte. Als er darum gebeten wurde, einen seiner bevorzugten Aussprüche zu verdeutlichen, nämlich: „Es gibt weder gut noch schlecht, vielmehr macht es das Denken dazu", sagte er:

„Hast du jemals erlebt, daß aus dem, was die Leute in der Bahn Gedränge nennen, in einem Nachtclub Atmosphäre entsteht?"

Übergewechselt

Um denselben Grundsatz zu verdeutlichen, erzählte der Meister bei anderer Gelegenheit, wie er als Kind einmal seinen Vater – einen berühmten Politiker – scharfe Kritik üben hörte an einem Parteianhänger, der zur Opposition übergewechselt war.

„Aber Vater", sagte er ihm, „ein andermal warst du voll des Lobes über den Mann, der die Opposition verließ, um sich deiner Partei anzuschließen."

„Sehr richtig, mein Sohn! Daraus magst du diese wichtige Wahrheit in deinem jungen Leben lernen: Diejenigen, die zur anderen Partei überwechseln, sind Verräter; diejenigen, die zur eigenen Partei kommen, sind Bekehrte."

Was kannst du?

Im Land der Erleuchtung ist dein erlerntes Können so wenig gefragt wie ein Unterhaltungsclub bei einer modernen Kriegsführung", sagte der Meister.

Und zur Erklärung dieser Feststellung schloß der Meister die Geschichte von einer Schülerin an, die eine aus Lettland geflohene junge Frau als Hausgehilfin angestellt hatte und bald zu ihrem Schrecken feststellen mußte, daß das Mädchen weder mit dem Staubsauger noch mit der Küchenmaschine, noch mit der Waschmaschine umgehen konnte.

„Was kannst du denn?" fragte sie verzweifelt.

Die junge Frau strahlte voller Stolz und sagte: „Ich kann ein Rentier melken."

Wie lange?

Wie lange werde ich brauchen, um mein Problem zu lösen?"

„Keine Minute länger, als du brauchst, um es zu verstehen", erwiderte der Meister.

Was fehlt?

Der Prediger war ein ungewöhnlicher Mann. Die Leute zitterten, wenn sie ihn sahen. Er lachte nie und war in seinen asketischen Übungen gegen sich unerbittlich, denn er glaubte an selbst zugefügten Schmerz. Man wußte, daß er oft fastete, und sah ihn im Winter nur dünn gekleidet.

Eines Tages vertraute er dem Meister eine geheime Sorge an: „Ich habe ein Leben der Entsagung geführt und alle Gebote meiner Religion befolgt. Doch da ist etwas, was mir fehlt, und ich kann nicht herausfinden, was. Können Sie es nicht sagen?"

Der Meister sah ihn sehr streng und nüchtern an und erwiderte: „Ja, die Seele."

Einer zuwenig

Einem Philosophen, der wissen wollte, warum Cleverneß ein Hindernis für Erleuchtung ist, erzählte der Meister diese Geschichte:

Nur drei Passagiere – Kluger Kopf, ein Pfadfinder und ein Bischof – waren im Flugzeug, als die Triebwerke aussetzten und der Pilot dazu aufforderte, auszusteigen. Doch nur drei Fallschirme waren vorhanden, von denen er einen für sich selbst beanspruchte. Die drei Fluggäste sollten selbst entscheiden, welche von ihnen sich mit den zwei anderen retten dürften. Der Kluge Kopf sagte: „Da ich für mein Land unentbehrlich bin, halte ich es für selbstverständlich, daß mir ein Fallschirm zusteht." Er griff zu und sprang aus dem Flugzeug.

Der Bischof sah den Pfadfinder an und sagte: „Mein Sohn, ich habe ein langes Leben hinter mir, so halte ich es für richtig, daß du den letzten Fallschirm bekommst. Ich bin bereit zu sterben."

„Das ist gar nicht nötig, Herr Bischof", sagte der Pfadfinder. „Hier sind doch zwei Fallschirme. Der Kluge Kopf ist mit meinem Rucksack abgesprungen."

Fügte der Meister hinzu: „Cleverneß läßt der Bewußtheit gewöhnlich keinen Platz."

Keine Zeit

Die Besucher waren immer wieder von der Ruhe und Muße des Meisters beeindruckt.

„Ich habe gar nicht die Zeit, um in Eile zu sein", konnte er sagen.

Frohen Donnerstag!

Willst du uns denn nicht ‚Frohe Weihnachten' wünschen?" wurde der Meister gefragt.

Er warf einen Blick auf den Kalender, sah, daß

Donnerstag war, und sagte: „Ich möchte euch lieber einen ‚Frohen Donnerstag' wünschen."

Das verletzte das Empfinden der Christen im Kloster, bis der Meister erklärte: „Millionen werden sich nicht über den heutigen Tag, sondern über Weihnachten freuen, wodurch ihre Freude von kurzer Dauer ist. Aber für alle, die sich über den heutigen Tag zu freuen gelernt haben, ist jeder Tag ein Weihnachten."

Was ihr braucht

Zu einer Gruppe von Sozialaktivisten, die seinen Segen zu einem Plan wünschten, den sie nun in die Tat umsetzen wollten, sagte der Meister: „Was ihr braucht, fürchte ich, ist Licht und nicht Aktion."

Danach erklärte er: „Das Böse durch Aktivität zu bekämpfen ist wie gegen die Dunkelheit mit beiden Händen anzugehen. Was ihr also braucht, ist Licht, nicht Kampf."

Was bringt's?

Es war völlig unmöglich, den Meister dazu zu bringen, den Gedanken des Patriotismus oder Nationalismus ernst zu nehmen.

Er erzählte einmal von einem Engländer, dem ein

Verwandter den Vorwurf machte, daß er amerikanischer Staatsbürger geworden sei: „Was hat es dir eingebracht, Amerikaner zu werden?“

„Nun“, erwiderte der andere, „etwas jedenfalls: Ich gewinne den Amerikanischen Bürgerkrieg.“

Falsch oder richtig?

Der Meister richtete bei einer entsprechenden Gelegenheit eine Grußadresse an die Gesellschaft „Die Religionsgefahr“ und wies dabei unter anderem darauf hin, daß religiöse Menschen Gott allzuleicht zur Bemäntelung ihrer eigenen Beschränktheit und Selbstsucht benutzen.

Es war der Anlaß zu einer scharfen Entgegnung in Form eines umfangreichen Buches, in dem über hundert führende Persönlichkeiten der Religionsgemeinschaften in eingehenden Beiträgen die Aussage des Meisters zurückwiesen.

Als der Meister den dicken Band sah, lächelte er: „Wenn das, was ich sagte, falsch ist, wäre doch ein Artikel genug gewesen“, sagte er.

Warum so schreien?

Nachdem ein Schüler bei einer Versammlung eine zündende politische Rede gehalten hatte, fragte er den Meister, was er von seinen Ausführungen halte. Erwiderte der Meister: „Wenn das, was du sagtest, wahr ist, warum mußtest du so schreien?"

Etwas später sagte er zu allen Schülern:

„Die Wahrheit hat mehr unter der Hitze ihrer Verteidiger zu leiden als unter allen Angriffen ihrer Gegner."

Der einzige Fortschritt

Der Meister klagte über die Übel des Konkurrenzkampfes.

„Holen Wettbewerb und Konkurrenzkampf nicht das Beste aus uns heraus?" fragte jemand.

„Sie holen das Schlimmste heraus, denn sie lehren dich das Hassen."

„Was hassen?"

„*Dich selbst* – denn du läßt zu, daß deine Aktivität von deinem Konkurrenten bestimmt wird und nicht von deinen Erfordernissen und Grenzen. *Andere* – denn du versuchst, auf ihre Kosten vorwärtszukommen."

„Das hieße dann aber, alle Veränderung und allen Fortschritt zu Grabe zu tragen", erhob einer Widerspruch.

Sagte der Meister: „Der einzige Fortschritt, den es gibt, ist der Fortschritt der Liebe. Die einzige Veränderung, die wert ist, erstrebt zu werden, ist die Veränderung des Herzens."

SCHRITT
FORT-
SCHRITT
FORT-
STAUBER

Die richtige Antwort

Der Meister stellte seine Schüler einmal mit folgender Anweisung bloß:

Er gab jedem ein Blatt Papier und bat sie, darauf die Länge der Halle anzugeben, in der sie gerade waren. Fast alle vermerkten fünfzig Fuß, zwei oder drei fügten noch „ungefähr“ hinzu.

Sagte der Meister: „Kein einziger hat die richtige Antwort gegeben.“

„Wie lautet die richtige Antwort?“ fragten sie.

„Die richtige Antwort lautet: *Ich weiß nicht*“, erwiderte der Meister.

Die Türangeln

Warum erlangen die meisten Menschen keine Erleuchtung?“ fragte jemand den Meister.

„Weil sie als Verlust ansehen, was tatsächlich ein Gewinn ist.“

Dann erzählte er von einem Bekannten, der ein Geschäft eröffnete, das bald florierte. Die Kundschaft strömte den ganzen Tag.

Als der Meister dem Kaufmann zu dem Erfolg gratulierte, erwiderte dieser besorgt: „Sehen Sie die Dinge doch ganz realistisch, und schauen Sie sich nur einmal die Ladentüren an. Wenn sie so viele Leute ständig auf- und zumachen, muß ich die Türangeln bald erneuern lassen.“

Stehenbleiben!

Einem Geschäftsmann, der aus der Mühsal des Lebens ins Geldverdienen floh, sagte der Meister:

„Es war einmal ein Mann, der sich vor seinen eigenen Fußstapfen fürchtete. So entschloß er sich, nicht mehr zu gehen, sondern zu laufen, wodurch sich nur die Zahl seiner Fußstapfen verringerte. Was er wirklich tun sollte, war stehenbleiben."

Der gegenwärtige Augenblick

Mein Leiden ist unerträglich."

Sagte der Meister: „Der gegenwärtige Augenblick ist niemals unerträglich, vielmehr, was du in den nächsten fünf Minuten oder den nächsten fünf Tagen auf dich hereinbrechen siehst, ist cs, was dich verzweifeln läßt. Hör auf, in die Zukunft zu leben."

Was für eine Krankheit?

Als jemand bekannt gab, daß er zum Doktor der Theologie promoviert wurde, sagte der Meister, dem der Schalk im Nacken saß, mit einer Unschuldsmiene: „Ein Doktor der *Theologie*? Was für eine Art von Krankheit ist das?"

Theologie

Es war allgemein bekannt, daß der Meister für „Theologie" im allgemeinen wenig Verständnis übrig hatte.

Als er gebeten wurde, zu seiner Auffassung Farbe zu bekennen, sagte er: „Theologie ist zu einem Übel geworden, insofern sie nicht so sehr ein Forschen nach Wahrheit ist als vielmehr das Aufrechterhalten eines Glaubenssystems."

Philosophie

Die Loyalität der Theologen gegenüber ihren Glaubenssystemen, so behauptete der Meister, mache sie alle viel zu geneigt, sich der Wahrheit zu verschließen – und den Messias bei seinem Erscheinen abzuweisen.

Die Philosophen kamen bei ihm besser weg. Da sie nicht an Glaubenssätze gebunden seien, könnten sie in ihrem Suchen offener bleiben, so meinte er.

Doch sei leider auch die Philosophie eingeschränkt, denn sie verlasse sich auf Worte und Begriffe, um eine Wirklichkeit zu erfassen, die nur einem nichtbegrifflichen Denken zugänglich ist.

„Philosophie", bemerkte der Meister einmal, „ist eine Krankheit, die nur durch Erleuchtung geheilt werden kann. Dann gibt sie den Parabeln und der Stille Raum."

Nicht zu Fuß

Warum ist es für einen Reichen so schwer, in das Himmelreich einzugehen?"

Als Antwort erzählte der Meister die Geschichte von einem Mann, der in seiner Limousine vor einem Hotel vorfuhr und dann auf einer Tragbahre in sein Zimmer gebracht wurde. Der Hoteldiener glaubte, der Mann sei gelähmt, und schaute fragend seine Frau an. „Er ist sehr reich", sagte sie, „er braucht nicht zu Fuß zu gehen."

Keine Furcht

Die Schüler berichteten dem Meister von der Grabinschrift, die sie für ihn entworfen hatten:

> Es war leichter,
> keine Furcht zu haben,
> wenn er bei uns war.

Sagte der Meister: „Wenn ihr mich braucht, um keine Furcht zu haben, dann diente meine Anwesenheit nur dazu, eure Feigheit zu verbergen, und nicht zu heilen."

Eine einzige Rosenblüte

Der Gouverneur kündigte seinen Besuch an, um im Klostergarten eine Rosenhecke zu besichtigen, die über und über in den exotischsten Farben blühte. Als er vor der Hecke stand, fand er daran nur noch eine einzige Rosenblüte. Er hörte, daß der Meister alle anderen Blüten abgeschnitten hatte, und fragte ihn nach dem Grund.

„Hätte ich sie daran gelassen, hättest du nicht eine von ihnen gesehen", erklärte der Meister.

Und nach einer kurzen Pause fügte er hinzu: „Du hast dich immer mehr an die große Menge gewöhnt, mein Freund. Wann hast du das letzte Mal eine einzelne Person gesehen?"

Das Tun

Was muß ich tun, um das Göttliche zu erreichen?"

„Das Göttliche ist nichts, was sich durch Tun erreichen läßt; man nimmt es durch Sehen wahr."

„Was ist dann die Funktion des Tuns?"

„Das Göttliche auszudrücken und nicht, es zu erreichen."

Mach das Fenster zu

Auf diese Weise führte der Meister das Verhalten reicher Nationen vor Augen:

Ein Mann wird durch die Rippenstöße seiner Frau aufgeweckt: „Steh auf und mach das Fenster zu, es ist draußen kalt."

Der Mann stöhnt: „Um Himmels willen! Wird es draußen wärmer, wenn ich das Fenster zumache?"

Nicht Abschirmung

Der Meister erlaubte seinen Schülern, nur für eine begrenzte Zeit mit ihm zusammenzuleben, danach schickte er sie fort, damit jeder für sich selbst sorge.

Als ein Neuankömmling einem Schüler darüber seine Verwunderung aussprach, erhielt er zur Antwort:

„Der Meister ist ein Spiegel, der die Wirklichkeit auf dich reflektiert. Hast du einmal die Wirklichkeit gesehen, muß der Spiegel weggeworfen werden, damit er nicht durch deine Verehrung zu einer Abschirmung wird."

Akzeptieren

Wie kann ich mich verändern?"

„Du bist du selbst, deshalb kannst *du* dich selbst ebensowenig verändern, wie du deinen eigenen Füßen davonlaufen kannst."

„Gibt es also nichts, was ich tun kann?"

„Du kannst dies begreifen und akzeptieren."

„Wie werde ich mich ändern, wenn ich *mich* selbst akzeptiere?"

„Wie willst du dich ändern, wenn du dich nicht akzeptierst? Was du nicht akzeptierst, *änderst* du nicht, du schaffst es nur, es zu *unterdrücken*."

Verrückt

Einer Frau, die die Schönheiten der Liebe überschwenglich pries, erzählte der Meister diese Geschichte von Nasrudin:

Nasrudin versuchte seine Frau zu trösten, die im Sterben lag. Die Frau sah ihrem Mann in die Augen und sagte: „Das wird wohl meine letzte Nacht sein. Ich werde die Sonne nicht mehr sehen. Nasrudin, wie wirst du meinen Tod ertragen?"

„Wie werde ich deinen Tod ertragen? Ich werde verrückt werden."

Ernst, wie ihr Zustand war, konnte sich die Frau dennoch nicht ein Lächeln verkneifen: „Du schlauer

Bursche", sagte sie, „ich kenne dich. Du wirst nicht einmal einen Monat nach meinem Tod unverheiratet bleiben."

„Was willst du damit sagen?" erwiderte Nasrudin entrüstet. „Natürlich werde ich verrückt werden, aber *so* verrückt werde ich nicht sein."

Dein Selbst

Warum tue ich das Böse?"

„Weil du verhext bist."

„Wodurch?"

„Durch das illusorische Ding, das du dein Selbst nennst."

„Wie wird also das Böse aufhören?"

„Durch Verstehen, daß es das Selbst, so wie du es kennst, nicht gibt – daß es also auch nicht beschützt werden muß."

Gegenkandidaten

Der Meister machte sich keine Illusionen darüber, was die Leute gewöhnlich Liebe nennen. Er erinnerte sich an ein Gespräch zwischen einem Politiker und seinem Freund, dem er vor Jahren zugehört hatte:

„Wußtest du, daß unser Vizepräsident bei den nächsten Wahlen gegen dich kandidieren will?"

„Dieser Schuft! Mir ist nicht im geringsten bange.

Jeder weiß doch, daß dieser Mann nur wegen seiner politischen Beziehungen nicht im Gefängnis sitzt."

„Unser Sekretär will ebenfalls seine Kandidatur bekanntgeben."

„Wie bitte? Fürchtet der Mann nicht, wegen Unterschlagung entlarvt zu werden?"

„Nun gut! Ich habe nur Spaß gemacht! In Wirklichkeit habe ich beide erst getroffen und mich überzeugt, daß alle zwei deinen Wahlfeldzug unterstützen."

„Jetzt sieh mal, was du gemacht hast. Du hast mich veranlaßt, üble Dinge über zwei der ausgezeichnetsten Männer in unserer Gesellschaft zu sagen."

Eine andere Sicht

Warum predigst du niemals Reue?" fragte der Prediger.

„Es ist das einzige, was ich lehre", erwiderte der Meister.

„Ich habe dich aber noch nie über das Beklagen der Sünden sprechen hören."

„Reue ist kein Beklagen von Vergangenem. Das Vergangene ist tot und nicht wert, darüber eine Träne zu vergießen. Reue ist eine Umkehr des Geistes und des Herzens: eine radikal andere Sicht der Realität."

Trugbilder

Was ist die Ursache des Bösen?"

„Unwissenheit", sagte der Meister.

„Und wie wird sie beseitigt?"

„Nicht durch Anstrengung, sondern durch Licht; durch Verstehen, nicht durch Handeln."

Und nach einer Weile fügte der Meister hinzu: „Das Zeichen des Erleuchtetseins ist Friede – du hörst auf zu fliehen, sobald du erkennst, daß du nur von den Trugbildern verfolgt wirst, die deine Ängste erfunden haben."

Noch schöner

Als der Meister jemanden sagen hörte: „Ich hätte meine Frau viel lieber, wenn sie ein anderer Typ von Frau wäre", erinnerte er sich, wie er einmal einen Sonnenuntergang auf dem Meer bewundert hatte.

„Ist das nicht schön?" sagte er zu einer für ihr Nörgeln auf dem Schiff bekannten Dame, die neben ihm an der Reling stand.

„Ja", sagte die Frau widerstrebend. „Aber glauben Sie nicht, daß links noch etwas mehr rosa fehlt?"

Sagte der Meister: „Jeder sieht schöner aus, wenn man die eigenen voreingenommenen Erwartungen an sein Aussehen ablegt."

Augenlider

Nachdem sich einer seiner Schüler eines ernsten Vergehens schuldig gemacht hatte, erwarteten alle, daß der Meister ihn exemplarisch bestrafen würde.

Als ein voller Monat vorübergegangen war, ohne daß er etwas getan hatte, machte man dem Meister Vorwürfe:

„Wir können nicht übersehen, was passiert ist. Schließlich hat uns Gott Augen gegeben."

„Ja", erwiderte der Meister, „und Augenlider".

Urteilen

Ich bin stolz darauf, den Charakter der Menschen gut beurteilen zu können."

„Ist das wirklich etwas, worauf du stolz sein kannst?" fragte der Meister.

„Oder vielleicht nicht?"

„Nein. Es gibt einen Fehler, den ein guter Richter mit einem schlechten gemeinsam hat: Er urteilt."

Mit seinem ganzen Sein

Was mich bedrückt, ist die völlige Mittelmäßigkeit meines Daseins. Ich habe in meinem Leben nicht eine einzige wichtige Tat vollbracht, von der die Welt Notiz nehmen könnte."

„Du irrst dich, wenn du glaubst, daß es die Beachtung durch die Welt ist, was einer Tat Bedeutung verleiht", erwiderte der Meister. Eine lange Pause trat ein.

„Ja, dann habe ich gar nichts getan, um auch nur einen einzigen zum Guten oder zum Schlechten zu beeinflussen."

„Du irrst dich, wenn du glaubst, daß es an der Einflußnahme auf andere liegt, was einer Tat Bedeutung verleiht."

„Ja, was verleiht denn einer Tat Bedeutung?"

„Sie um ihrer selbst willen mit seinem ganzen Sein tun. Dann ist es uneigennütziges, gott-ähnliches Handeln."

Gegenüber was?

Warum hebst du in deinen Predigten den Wert des Leidens so stark hervor?“ fragte der Meister.

„Weil es uns gegenüber den Wechselfällen des Lebens abhärtet“, antwortete der Prediger.

Darauf sagte der Meister nichts.

Später fragte ein Schüler: „Gegenüber was genau härtet uns das Leiden ab?“

„Vermutlich gegenüber mehr Leiden“, entgegnete der Meister lächelnd.

Süß oder bitter

Härtet Leiden einen Menschen nicht ab?“

„Was zählt, ist nicht das Leiden, sondern die Disposition des einzelnen, denn Leiden kann süß oder bitter machen, genauso wie das Feuer des Töpfers den Lehm verkohlen oder hart machen kann.“

Logik

Als der Meister einmal gefragt wurde, warum er sich niemals mit jemandem auf einen Disput einlasse, erzählte er eine Geschichte von dem alten Hufschmied, der einem Freund anvertraute, daß es der

Wunsch seines Vaters war, wie er Hufschmied zu werden, während seine Mutter ihn am liebsten als Zahnarzt gesehen hätte.

„Und du weißt, ich bin glücklich, daß der Vater seinen Willen erfüllt bekam, denn wäre ich Zahnarzt geworden, hätte ich verhungern müssen. Ich kann das beweisen."

„Wie denn?" wollte der Freund wissen.

„Ganz klar, ich stehe dreißig Jahre in dieser Schmiede, und nicht ein einziges Mal in der ganzen Zeit wollte jemand von mir einen Zahn gezogen haben."

„Das", schloß der Meister, „ist die Logik, aus der Argumente gemacht sind. Wenn du *siehst,* brauchst du keine Logik."

An die erste Stelle

Warum bist du ständig in deine Gebete vertieft?" fragte der Meister.

„Weil Beten eine große Last von meinem Herzen nimmt."

„Das sollte es eben leider nicht tun."

„Was ist daran so schlimm?"

„Es hält dich davon ab zu erkennen, wer die Last an die erste Stelle gesetzt hat", sagte der Meister.

Ein Meisterschütze

Du hörst zu", sagte der Meister, „nicht um zu entdecken, sondern um auf etwas zu stoßen, was dein eigenes Denken bestätigt. Du argumentierst, nicht um die Wahrheit zu finden, sondern um deine Ansichten zu verteidigen."

Dann erzählte er die Geschichte von einem König, der einmal durch eine kleine Stadt zog und überall Anzeichen einer verblüffenden Schießkunst feststellte. Bäume, Zäune und Wände waren mit Kreisen bemalt und hatten genau in der Mitte ein Einschußloch. Er fragte, wo dieser Meisterschütze sei, der sich bald als ein zehnjähriger Junge entpuppte.

„Das ist doch unglaublich!" sagte der König erstaunt. „Wie um alles in der Welt bringst du das fertig?"

„Kinderleicht", war die Antwort. „Ich schieße zuerst und male dann die Kreise."

„Ebenso ziehst du zuerst deine Folgerungen und baust dann deine Prämissen um sie herum auf", sagte der Meister. „Ist es nicht derselbe Weg, den du einschlägst, um an deiner Religion und deinen Theorien festzuhalten?"

Das Universum

Der Meister amüsierte sich darüber, wenn er von den übertriebenen Ansprüchen der modernen Wissenschaft hörte, das Universum zu verändern.

„In einem Konflikt zwischen menschlichem Willen und Natur schlag dich auf die Seite der Natur", pflegte er zu sagen.

„Aber können wir im Universum nichts verändern?"

„So lange nicht, als wir nicht gelernt haben, uns ihm zu fügen."

Beiseite lassen

Immer wenn der Prediger Gott erwähnte, konnte der Meister sagen: „Laß Gott hier beiseite."

Es kam der Tag, da der Prediger es nicht länger hinnehmen konnte: „Ich habe immer den Verdacht gehabt, daß du ein Atheist bist", schrie er heraus. „Warum sollte ich Gott hier beiseite lassen? ... Warum?"

Darauf erzählte ihm der Meister die folgende Geschichte:

Ein Priester sprach einer Frau beim Tod ihres Mannes Trost zu.

„Und das hat Ihr Gott getan", sagte sie und weinte.

„Gott liebt den Tod nicht, liebe Frau", erwiderte der Geistliche. „Er beklagt ihn genauso wie Sie."

„Warum läßt er ihn dann zu?" fragte sie zornig.

„Wir wissen es nicht, denn Gott ist ein Geheimnis."

„Wie können Sie dann wissen, daß er den Tod nicht liebt?" schrie sie ihn an.

„Ja gut, nicht wirklich … Wir dürfen es annehmen …"

„Seien Sie still", heulte die Witwe. „Lassen Sie Gott hier gefälligst beiseite!"

„Für"

Die Aktivisten waren darüber betroffen, daß der Meister glaube, sie würden weniger Aktion und mehr Licht brauchen.

„Licht wozu?" wollten sie wissen.

„Dazu, was das Leben rundherum ist", sagte der Meister.

„Wir wissen mit Sicherheit, daß das Leben für andere gelebt werden muß", sagten die Aktivisten. „Brauchen wir mehr Licht als das?"

„Ihr brauchtet nur zu begreifen, was das Verhältniswort *‚für'* bedeutet", erwiderte der Meister.

Der Ausweg

Der Meister erzählte dem Prediger eine Parabel:

Ein Tausendfüßler ging zu einer alten, weisen Eule und klagte über Gicht. Jedes einzelne seiner vielen Beine tat ihm weh.

Was läßt sich dagegen tun?

Nachdem die Eule gründlich nachgedacht hatte, gab sie dem Tausendfüßler den Rat, ein Eichhörnchen zu werden. Mit nur vier Beinen wären neunhundertsechsundneunzig Promille seiner Schmerzen beseitigt.

Sagte der Tausendfüßler: „Eine glänzende Idee! Jetzt sag mir noch, wie ich ein Eichhörnchen werden kann."

„Plag mich nicht damit", erwiderte die Eule. „Ich zeige nur den Ausweg."

Das sichere Fundament

Ich sehne mich nach einem festen Grund, einem sicheren Fundament für mein Leben."

„Sieh es doch so an", sagte der Meister. „Was ist der feste Grund für den Zugvogel, der Kontinente überquert? Was ist das sichere Fundament für den Fisch, der vom Fluß in das Meer getragen wird?"

Der Unterschied

Ein Aktivist kehrte zum Meister zurück, um in Erfahrung zu bringen, was für ein Licht er noch bräuchte.

„Das Licht, um den Unterschied zwischen einem Liebhaber und einem Aktivisten zu kennen", sagte der Meister. „Ein Liebhaber nimmt an einer Symphonie teil."

„Und der Aktivist?"

„Ist vom Klang seiner eigenen Trommel gepackt", sagte der Meister.

Undeutlich

Der Meister wurde nicht müde, diejenigen, die auf ihre Schriften schwören, daran zu erinnern, daß die Wahrheit vom begrifflichen Denken weder erfaßt noch ausgedrückt werden kann.

Er erzählte die Geschichte von einem Beamten, der sich bei seiner Sekretärin über eine Telefonnotiz beschwerte, die sie ihm vorgelegt hatte.

„Ich kann das nicht lesen", schimpfte er.

„Ich konnte den Anrufer am Telefon nicht gut verstehen", sagte die Sekretärin. „Deshalb schrieb ich nicht sehr deutlich."

Was tun?

Gibt es wirklich nichts, womit Erleuchtung zu erlangen ist?"

„Schon", sagte der Meister scherzhaft, „du kannst es wie die alte Frau machen, die sich gegen die Waggonwand stemmte, um die Geschwindigkeit des Zuges zu beschleunigen."

Mitarbeit

Der Prediger bestritt leidenschaftlich die Lehre des Meisters, daß es nichts gebe, was wir tun könnten, um erleuchtet zu werden.

Sagte der Meister: „Aber du bist es doch, oder nicht, der predigt, daß alles ein Geschenk Gottes ist, daß all unser Gutsein seine Gnade ist?"

„Ja, aber ich sage auch, daß Gott unsere Mitarbeit verlangt."

„Ach, wie der Mann, der Holz hackte und seinen kleinen Sohn bat, er möchte ihm helfen und ihm das Stöhnen abnehmen", sagte der Meister vergnügt.

Ein Meister

Woran neu hinzugekommene Schüler sich nur schlecht gewöhnen konnten, war die Menschlichkeit, das völlige Normalsein des Meisters. Er schätzte die angenehmen Dinge des Lebens und die Sinnesfreuden zu sehr, um in ihre Kategorien eines heiligen Mannes zu passen.

Als einer der neu Hinzugekommenen mit einem Schüler darauf zu reden kam, erwiderte dieser:

„Wenn Gott einen Meister macht, nimmt er den Menschen nicht zurück."

Was wird gespielt?

Ein Schüler, der sich mit religiösen Fragestellungen beschäftigte, kam auf die Bemerkungen des Meisters über das Studium der Schriften zurück: „Willst du sagen, daß die Schriften uns überhaupt keinen Begriff von Gott geben können?"

„Ein Gott, der in einen Begriff gefaßt ist, ist überhaupt kein Gott. Deshalb ist Gott ein Geheimnis, etwas, von dem es keinen Begriff gibt", erwiderte der Meister.

„Was können uns dann noch die Schriften bieten?"

Darauf erzählte der Meister, wie er einmal in einem chinesischen Restaurant beim Essen war, als einer der Musiker eine ihm bekannt vorkommende

Melodie zu spielen begann, deren Titel niemandem in der Gruppe einfiel.

Der Meister rief einen smart gekleideten Kellner herbei und fragte ihn, ob er herausfinden könnte, was der Mann spiele. Der Kellner eilte durch den Saal und kam strahlend mit der Nachricht zurück: „Violine".

Mangelhaft

Wie deine Erkenntnis ist, so wird auch dein Handeln sein. Was du ändern mußt, ist nicht dein Handeln, sondern deine Sichtweise."

„Was muß ich tun, um die zu ändern?"

„Nichts weiter als verstehen, daß dein gegenwärtiges Sehen mangelhaft ist."

Weiter entfernt

Um seinen oft wiederholten Lehrsatz „Du siehst die Dinge, wie *du* bist, nicht wie sie sind" deutlich zu machen, erzählte der Meister die Geschichte von seinem einundachtzigjährigen Freund, der eines Tages durchnäßt und schlammbedeckt ins Kloster kam.

„Es ist dieser Bach eine Viertelstunde von hier", sagte er. „Ich habe ihn früher immer mit einem Sprung geschafft. Aber jetzt lande ich immer in der

Mitte. Ich habe nicht gemerkt, daß der Bach breiter geworden ist."

Worauf der Meister nur sagte: „Heute sehe ich immer, wenn ich mich bücke, daß der Boden weiter entfernt ist als in meiner Jugend."

Was Gott nicht kann

Es gibt etwas, das sogar Gott nicht kann", sagte der Meister zu einem Schüler, der fürchtete, jemanden zu kränken.

„Was?"

„Er kann nicht jeden zufriedenstellen", sagte der Meister.

Der genaue Abstand

Was du brauchst, ist Bewußtheit", sagte der Meister zu einem Schüler, der sich um ein frommes Leben bemühte, „Bewußtheit, Bewußtheit und noch einmal Bewußtheit."

„Ich weiß es, deshalb bemühe ich mich, mir der Gegenwart Gottes bewußt zu sein."

„Gottes-Bewußtheit ist eine Einbildung, denn du hast keinen Begriff davon, was Gott ist. Selbst-Bewußtheit ist das, was du brauchst", sagte der Meister.

Und er fügte hinzu: „Wenn Gott Liebe ist, dann ist der Abstand zwischen Gott und dir der genaue Abstand zwischen dir und der Bewußtheit von dir selbst."

Wessen Geschmack

Als jemand darauf beharrte, daß es nur eine *absolut* richtige Antwort auf eine moralische Frage geben könne, sagte der Meister:

„Wenn Leute an einem nassen Ort schlafen, bekommen sie Rheuma, was freilich nicht für Fische gilt.

Auf einem Ast leben kann gefährlich sein und anstrengend, was freilich nicht für Affen gilt.

Wer also von ihnen – Fisch, Affe und Mensch – hat den richtigen Aufenthaltsort – *absolut* gesehen?

Menschliche Wesen essen Fleisch, Büffel fressen Gras und Bäume ernähren sich aus dem Boden. Wessen Geschmack von diesen dreien ist der richtige – absolut gesehen?"

Die Gelegenheit

Ein junger Mann beschrieb voller Ungeduld, was für die Armen zu tun ihm vorschwebte.

Sagte der Meister: „Wann möchtest du deinen Traum wahr machen?"

„Sobald die Gelegenheit dafür kommt."

„Die Gelegenheit kommt nie", sagte der Meister, „sie ist da!"

Geld oder Leben!

Ein wohlhabender Mann erzählte eines Tages dem Meister, daß er dem Drang, Geld zu verdienen, mit dem besten Willen nicht widerstehen könne.

„Nicht einmal um den Preis von Lebensfreude, bedauerlicherweise", sagte der Meister.

„Ich spare mir die Lebensfreude für meine alten Tage auf", sagte der wohlhabende Mann.

„Sofern du noch alte Tage haben wirst", sagte der Meister und erzählte die Geschichte vom Straßenräuber, der kurzen Prozeß machte: „Geld oder Leben!"

Sagte das Opfer: „Nimm mein Leben. Ich hebe mir mein Geld für meine alten Tage auf."

Lieber das Geld

Einem anderen reichen Mann, der seine ganze Gesundheit des Geldes wegen aufs Spiel setzte, erzählte der Meister die Geschichte vom Geizhals, der zu Grabe getragen wurde.

Plötzlich kam er wieder zu Bewußtsein, überblickte die Situation und traf eine schnelle Entscheidung: „Ich möchte lieber hierbleiben, sonst muß ich die Rechnung für die Beerdigung zahlen."

„Manche Leute möchten lieber ihr Geld retten als ihr Leben", zog der Meister die Schlußfolgerung.

Was tun?

Die Schüler fanden sich niemals mit der Lehre des Meisters vollständig ab, daß man nichts zu *tun* brauchte, um sich zu ändern oder erleuchtet zu sein.

„Was kannst du *tun*, um Dunkelheit zu zerstreuen?" konnte er sagen. „Dunkelheit ist die Abwesenheit von Licht; das Böse die Abwesenheit von Bewußtheit. Was ist gegen eine Abwesenheit zu *tun*?"

Nichts sehr Gutes oder Schlechtes

Meine Eltern sagten mir, daß ich mich vor dir in acht nehmen muß", sagte ein Neuankömmling.

Der Meister lächelte: „In acht nehmen, mein Lieber, sei sehr, sehr vorsichtig, und du wirst das Schicksal deiner umsichtigen Eltern erfahren – nichts sehr Gutes oder Schlechtes wird dir jemals widerfahren."

Nicht die Worte

Ich weiß nicht, ob ich diesem Mann trauen darf", sagte ein Neuankömmling.

Erwiderte ein erfahrener Schüler: „Der Meister will, daß wir nicht einem Wort, das er sagt, trauen, er drängt uns, alles zu bezweifeln, in Frage zu stellen, zu bestreiten."

Daraufhin fügte er hinzu: „Es sind nicht die Worte des Meisters, die ich fürchte. Es ist seine Gegenwart. Seine Worte bringen Licht, seine Gegenwart setzt dich in Brand."

Unterdrücken

Als eine Schülerin ihren Haß gegenüber den Unterdrückern ihres Landes aussprach, erwiderte der Meister:

„Laß dich von niemandem so tief niederdrücken, daß es bei dir Haß gegen ihn aufkommen läßt."

Der Baum

Wenn du nach Gott suchst, suchst du nach Ideen – und übersiehst die Wirklichkeit", sagte der Meister.

Daraufhin erzählte er von dem Mönch, der sich über die Zelle beklagte, die man ihm zugewiesen hatte. „Ich wollte eine Zelle, von der aus ich den Sternenhimmel betrachten kann. In der Zelle, die ich jetzt habe, verstellt mir ein blöder Baum die Aussicht."

Nun war es aber so, daß dem vorhergehenden Bewohner dieser Zelle bei der Betrachtung eben dieses Baumes Erleuchtung widerfuhr.

So viel

Was lehrt dein Meister?"

„Nichts."

„Was um alles in der Welt kann er dir dann geben?"

„So viel, wie du aus seinem Schweigen erhalten möchtest, aus seiner Liebe und aus den Strahlen der Myriaden von Sonnen auf den Himmeln in seinem Inneren wie auch durch jedes Blatt und jeden Grashalm."

Totsein

Jeder weiß, daß ich keine Angst kenne", sagte der Herrscher, „doch muß ich gestehen, etwas zu fürchten: den Tod. Was ist Totsein?"

„Wie soll ich das wissen?"

„Aber du bist doch ein erleuchteter Meister!"

„Mag sein, aber noch kein toter."

Der einzige Feind

Ein Wissenschaftler führte dem Meister einen Dokumentarfilm über die Errungenschaften der modernen Naturwissenschaften vor.

„Heute sind wir in der Lage, eine Wüste zu bewässern", triumphierte er, „die Kraft der Niagara-Fälle zu nutzen, die Zusammensetzung eines weit entfernten Sternes zu ermitteln und den Aufbau eines Atoms zu durchschauen. Unsere Eroberung der Natur wird bald keine weißen Flecken mehr kennen."

Der Meister war beeindruckt, aber nachdenklich. Später sagte er: „Warum die Natur erobern? Die Natur ist unser Freund. Warum stecken wir diese Energie nicht in die Überwindung des einzigen Feindes des Menschengeschlechts – die Furcht?"

Die Aufgabe

Als einige seiner Schüler einen weitbekannten geistlichen Begleiter mit Lob bedachten, hielt sich der Meister zurück.

Als man ihn später nach dem Grund fragte, sagte er: „Der Mann übt Macht über andere aus – er ist kein geistlicher Begleiter."

„Worin besteht dann die Aufgabe eines geistlichen Begleiters?"

„Zu inspirieren, nicht Vorschriften zu machen", sagte der Meister. „Wach zu machen, nicht zu nötigen."

Buße tun

Was für eine Buße soll ich tun angesichts des ganzen Ausmaßes meiner Vergehen?"

„Verstehe die Unwissenheit, die ihnen zugrunde liegt", sagte der Meister.

Dann fügte er hinzu: „So wirst du die anderen wie auch dich selbst verstehen und ihnen und dir vergeben, du wirst aufhören, nach Rache zu rufen, die du Strafe oder Buße nennst."

Sich schlecht fühlen

Der Meister behauptete, daß der Hauptgrund für das Unglück in der Welt auf die geheime Befriedigung der Menschen zurückzuführen ist, sich schlecht zu fühlen.

Er erzählte von einem Freund, der zu seiner Frau sagte:

„Warum läßt du nicht alles stehen und liegen und machst dir einen schönen Tag, meine Liebe?"

„Ach, du weißt doch genau, mein Lieber, daß ich mich niemals dabei wohl fühlen würde, mir einfach einen schönen Tag zu machen", gab sie gereizt zur Antwort.

Gefährlich

Als der Gouverneur dem Kloster einen Besuch abstattete, benutzte der Meister die Gelegenheit, um gegen die angeordnete Pressezensur zu protestieren.

Sagte der Gouverneur scharf: „Sie können sich keine Vorstellung davon machen, wie gefährlich die Presse seit einiger Zeit ist."

Erwiderte der Meister: „Nur das Wort, das unterdrückt wird, ist gefährlich."

Du selbst

Ein Geschäftsmann wollte vom Meister wissen, was das Geheimnis eines erfolgreichen Lebens sei.

Sagte der Meister: „Mach jeden Tag einen Menschen glücklich!"

Und er fügte als nachträglichen Gedanken hinzu: „... selbst wenn dieser Mensch du selbst bist."

Nur wenig später sagte er: „*Vor allem,* wenn dieser Mensch du selbst bist."

Ein viel früheres Werk

Im Laufe eines Vortrags berief sich der Meister einmal auf ein Wort eines antiken Dichters.

Als der Vortrag zu Ende war, nahm eine junge Frau daran Anstoß. Der Meister hätte doch besser aus den heiligen Schriften zitieren sollen, und sie fragte: „Hat denn dieser heidnische Autor, auf den du dich berufst, wirklich Gott gekannt?"

„Junge Frau", sagte der Meister ernst, „wenn du meinst, daß Gott der Autor des Buches ist, das du die Schriften nennst, möchte ich dir sagen, daß er ebenso der Autor eines viel früheren Werkes ist, das Schöpfung heißt."

Nicht genug

Jemand fragte den Meister, warum er der Religion gegenüber so argwöhnisch sei. „Ist denn die Religion nicht das Erhabenste, das die Menschen besitzen?"

Die Antwort des Meisters war schleierhaft: „Das Beste und das Schlechteste – das ist es, was dir die Religion gibt."

„Warum das Schlechteste?"

„Weil die Leute meistens gerade genug Religion annehmen, um zu hassen, aber nicht genug, um zu lieben."

Spiritualität

Bei der Spiritualität zählt nicht die Anstrengung", sagte der Meister, „sondern die Ergebung".

„Wenn du ins Wasser fällst und nicht schwimmen kannst, erfaßt dich panische Angst, und du sagst dir: ‚Ich darf nicht untergehen.' Du fängst mit Armen und Beinen zu schlagen an, und in der Erregung schluckst du immer mehr Wasser und ertrinkst schließlich. Würdest du statt dessen deine Gedanken und Anstrengungen aus dem Spiel lassen und es zulassen, auf den Grund abzusinken, käme dein Körper von selbst an die Oberfläche zurück ... Das ist Spiritualität!"

Eigene Propaganda

Aufrichtigkeit ist nicht genug", konnte der Meister oft sagen. „Was du brauchst, ist Ehrlichkeit."

„Worin besteht der Unterschied?" fragte jemand.

„Ehrlichkeit ist ein ständiges Offensein für die Tatsachen", sagte der Meister. „Aufrichtigkeit ist das Glauben an die eigene Propaganda."

Böses und Gutes

Der Meister legte eines Tages dar: „Du wirst nicht bereit sein, gegen das Böse zu ‚kämpfen', solange du nicht das Gute, das es hervorbringt, zu sehen vermagst."

Die Schüler waren darüber betroffen, ohne daß der Meister das Gesagte zu verdeutlichen suchte.

Am folgenden Tag legte er ihnen ein Gebet vor, das auf ein Stück Packpapier aufgeschrieben und im Konzentrationslager Ravensbrück gefunden worden war:

„Herr, gedenke
nicht nur der Männer und Frauen guten Willens,
sondern auch aller böswilligen.
Gedenke nicht nur
all der Leiden, die wir unter ihrem Joch zu erdulden haben.
Gedenke auch der Früchte,

die wir dank dieser Leiden hervorgebracht haben
– unserer Kameradschaft, unserer Treue,
unserer Demut, unserer Tapferkeit und Hochherzigkeit,
der Herzensgröße, die das alles inspirierte.
Und wenn sie dann vor den Richter treten,
laß all diese Früchte, die wir hervorgebracht haben,
ihnen zur Vergeltung und zur Vergebung gereichen."

Ganz und gar nicht bewußt

Ein Schüler fragte eines Tages den Meister gerade ins Gesicht: „Hast du den Stand der Heiligkeit erreicht?"

„Wie soll ich das wissen?" erwiderte er.

„Wer denn sonst, wenn nicht du?"

Sagte der Meister: „Frag einen normalen Menschen, ob er normal ist, und er wird dir versichern, daß er es ist. Frag einen verrückten Menschen, ob er normal ist, und er wird dir versichern, daß er es ist."

Daraufhin lachte er schelmisch.

Dann sagte er: „Wenn du erkennst, daß du verrückt bist, bist du im Grunde doch nicht so verrückt, oder? Wenn du glaubst, du bist heilig, bist du letzten Endes doch nicht so heilig, oder? Heiligkeit ist sich selbst ganz und gar nicht bewußt."

Nachfolgen

Ein Neuling, der unzufrieden war, sagte zu einem der Schüler: „Ich möchte wirklich wissen, ob der Meister heilig ist oder nicht."

„Was hat das schon zu sagen", erwiderte der Schüler.

„Warum sollte ich ihm denn folgen, wenn er selbst den Stand der Heiligkeit nicht erreicht hat?"

„Und warum solltest du ihm folgen, wenn er ihn tatsächlich erreicht hat? Der Lehre des Meisters nach hörst du an dem Tag auf, der Wahrheit zu folgen, an dem du jemandem nachfolgst."

Und er fügte hinzu: „Sünder sagen oft die Wahrheit. Und Heilige führten schon Menschen in die Irre. Prüfe, was gesagt wird, nicht den, der es sagt."

Eine andere Konfrontation

Eine der schlechten Auswirkungen der Religion ist nach Meinung des Meisters darin zu sehen, daß sie die Menschheit in Sekten aufgespalten hat.

Dabei erzählte er gern die Geschichte von dem kleinen Jungen, der seine kleine Freundin fragte: „Seid ihr Presbyterianer oder Anglikaner?"

„Nein", sagte das Mädchen überlegen, „wir gehören zu einer anderen Konfrontation."

Größe sechsunddreißigeinhalb

Als der Meister gefragt wurde, warum Sehen so schwierig sei, erzählte er diese Begebenheit:

„Nach Rückkehr von einer Reise nach Europa wurde Sam, der in einem Geschäft für Herrenunterwäsche arbeitete, von seinem Kollegen wißbegierig gefragt: ‚Konntest du einen Abstecher nach Rom machen?'

‚Ja, selbstverständlich.'

‚Und hast du den Papst gesehen?'

‚Den Papst gesehen? Ich hatte eine Privataudienz bei ihm!'

‚Was du nicht sagst', rief sein Kollege aus und machte große Augen.

‚Wie sieht er aus?'

‚Ach, ich würde sagen, er hat Größe sechsunddreißigeinhalb", sagte Sam.

Welche Madonna?

Als eine Pilgergruppe sich beschwerte, daß der Meister ihre religiösen Gefühle verletzt hätte, machte er ihnen lachend klar, daß das, was er wirklich verletzt hätte, ihr *Ego* sei.

Dann erzählte er ihnen die Geschichte von einem Bischof, der die „Madonna vom Schrein" zur Patronin der Diözese erklärt hatte, worauf alle Verehrer der „Madonna vom Berge", die sich dafür eingesetzt hatten, daß ihrer eigenen Kandidatin diese Ehre zuteil würde, eine Protestprozession unternahmen und einen Fasttag hielten, um der „Madonna vom Berge" Abbitte zu leisten.

„War es die Madonna, die beleidigt wurde, oder waren es die sogenannten religiösen Gefühle ihrer Anhänger?" fragte der Meister.

Denken

Ein Philosoph, dem nicht ganz klar war, was der Meister mit dem Wort „Bewußtheit" meinte, bat ihn um eine Begriffserklärung.

„Es läßt sich nicht definieren", sagte der Meister.

„Ist es Denken?"

„Keine Begriffe und Reflexionen", sagte der Meister, „sondern die Weise zu denken in Augenblicken großer Gefahr, wenn dein Gehirn wie gelähmt aussetzt – oder in Augenblicken großer Inspiration."

„Und was für eine Weise des Denkens ist das?"

„Denken mit deinem ganzen Sein, mit Körper, Verstand, deiner Existenz", erwiderte der Meister.

Keine Probleme

Sagte der Meister:

„Es gibt Menschen, die meinen, daß Probleme durch Anstrengung gelöst werden. Was diese Leute erreichen, ist weiter nichts, als sich selbst und andere dauernd zu beschäftigen.

Probleme werden allein durch Bewußtheit gelöst. Es ist tatsächlich so, daß sich keine Probleme stellen, wo Bewußtheit ist."

Ein größeres Gebiet

Der Prediger war in verschiedene fremde Länder unterwegs.

Sagten die Schüler: „Glaubst du, daß Reisen den Geist weiter werden läßt?"

„Nein", gab der Meister zur Antwort, „es weitet nur seine Beschränktheit auf ein größeres Gebiet aus."

Führungsschwäche

Der Meister lächelte über Leute, die sich selbst als geistliche Führer anderer einsetzen, obwohl sie selbst hin und her gerissen und orientierungslos waren.

Er erzählte mit Vorliebe von dem Autor, der ein Buch schrieb „Wie verhalte ich mich als Fußgänger im Straßenverkehr" und am Tage der Veröffentlichung überfahren wurde.

Ohne Worte

Als ein Diktator an die Macht kam, wurde der Meister beim Verteilen von Flugblättern, was gegen die Zensurbestimmungen verstieß, auf der Straße festgenommen.

Die Polizei untersuchte seinen Rucksack, fand darin jedoch statt Propagandamaterial nur blanke Papierbogen.

„Was hat das zu bedeuten?" wollte der Polizist wissen.

Der Meister lächelte und erwiderte: „Die Leute wissen, was das zu bedeuten hat."

Die Geschichte sprach sich im ganzen Land herum, so daß es die Priester keineswegs amüsierte, als einige Jahre später der Meister dabei entdeckt wurde, wie er blanke Papierbogen im Tempelbezirk verteilte.

Die Wirklichkeit erkennen

Der Meister trat entschieden für „Gedanken-freie“, „Erkenntnis-lose“ Kontemplation ein als einen Weg, die Wirklichkeit zu erkennen.

„Wie kann man die Wirklichkeit erkennen im Nicht-Erkennen?“ fragte ein Schüler.

„In der Weise, in der man Musik erkennt“, sagte der Meister.

Einem Fisch ein Bad geben

Ein Millionär kam ins Kloster mit dem festen Vorsatz, „dem alten Narren etwas von den Freuden dieser Welt beizubringen, damit er sein Leben nicht in den Entbehrungen eines Klosters vergeude“.

Die Schüler, die das Ergötzen des Meisters an den guten Dingen des Lebens kannten, lachten schallend, als sie das hörten. „Dem alten Narren beizubringen, wie man sich des Lebens erfreut“, sagte einer von ihnen, „wäre so, wie einem Fisch ein Bad zu geben“.

Wenn der Nordwind bläst

Ist es möglich, das Göttliche zu sehen?"

„Du siehst es doch jetzt."

„Warum erkennen wir es nicht?"

„Weil du es mit Hilfe der Gedanken verstellst."

Die Schüler schüttelten verständnislos den Kopf. Daraufhin sagte der Meister:

„Wenn der Nordwind bläst, wird Wasser zu einem starren Block, der Eis heißt.

Wenn das Denken einsetzt, zersplittert die Wirklichkeit in Millionen starre Stücke, die ‚Dinge' heißen."

Der Status

Der Meister wurde gefragt: „Wie erkennt man das Handeln Gottes?"

Er antwortete: „Indem man das Handeln liebt, aus ganzem Herzen, ungeachtet der Früchte, die es bringt."

Um es den Schülern deutlicher zu machen, erzählte er ihnen von dem Mann, der ein Gemälde für eine Million Dollar gekauft hatte und den Scheck, nachdem er eingelöst worden war, einrahmen ließ.

„Was der Mann tatsächlich liebte", sagte der Meister, „war nicht die Kunst, sondern sein Status."

Nahe bei den Blumen

Sag uns etwas über Sex."

„Sex", sagte der Meister, „ist für diejenigen, die ihn kennen, göttlich."

„Für die, die ihn kennen?"

Sagte der Meister:

„Der Frosch sitzt nahe bei den Blumen und weiß nichts von dem Honig, den die Biene findet."

Die Einsicht

Was ist das größte Hindernis für die Wahrheit?"

„Die Abneigung, den Tatsachen ins Auge zu sehen", sagte der Meister.

Zur Illustration dessen erzählte er von der übergewichtigen Frau, die von der Waage herunterstieg und sagte: „Nach dieser Gewichtstabelle hier sollte ich etwa fünfzehn Zentimeter größer sein."

Danach erzählte der Meister von einer anderen Frau, die sich endlich dazu durchgerungen hatte, etwas wegen ihres Übergewichtes zu unternehmen: Sie stieg auf keine Waage mehr!

Die Geschmeidigkeit des Schwimmers

Für alle fest Überzeugten – ganz gleich, ob ihre Überzeugungen auf religiösem, politischem oder ökonomischem Gebiet lagen – hatte der Meister diese eine Botschaft:

„Was Sie brauchen, ist nicht Sicherheit,
sondern den Wagemut des Spielers;
nicht festen Boden unter den Füßen,
sondern die Geschmeidigkeit des Schwimmers."

Die Perspektive

In einer sternenklaren Nacht ließ der Meister die Schüler in den Genuß seiner astronomischen Kenntnisse kommen:

„Das ist das Sternensystem des Andromeda-Nebels", erklärte er. „Es ist so groß wie unsere Milchstraße und sendet Lichtstrahlen aus, die mit einer Geschwindigkeit von 300000 Kilometern in der Sekunde zweieinhalb Millionen Jahre zu uns auf die Erde brauchen. Der Andromeda-Nebel besteht aus hunderttausend Millionen Sonnen, die viel größer sind als unsere Sonne."

Nach einer Weile des Schweigens sagte er mit einem Lächeln: „Nachdem wir nun die richtige Perspektive haben, laßt uns zu Bett gehen."

Mit jedem Ergebnis

Der Meister zitierte einmal den berühmten Satz aus der „Bhagavadgita", in dem der Herr den Jünger anspornt, sich in die Schlacht zu stürzen und ein ruhiges Herz zu Füßen der Lotosblume des Herrn zu bewahren.

Ein Schüler fragte: „Wie kann ich das erreichen?"

Sagte der Meister: „Entschließe dich dazu, mit *jedem* Ergebnis deiner Anstrengungen zufrieden zu sein."

Auf dem Schoß

Um zu zeigen, daß das, was die meisten Leute suchen, nicht die Freude der Bewußtheit und Aktivität ist, sondern der Trost der Liebe und Zustimmung, erzählte der Meister aus jener Zeit, da seine jüngste Tochter von ihm wollte, daß er ihr jeden Abend vor dem Einschlafen eine Geschichte aus dem Märchenbuch vorlas.

Eines Tages kam er auf die Idee, die Geschichte von einem Tonband abspielen zu lassen. Das kleine Mädchen lernte, den Kassettenrecorder zu bedienen, und alles ging einige Zeit gut, bis sie eines Abends das Buch ihrem Vater zuschob.

„Was ist, meine Kleine", fragte der Vater, „du weißt doch, wo du am Recorder drücken mußt."

„Ja", sagte das Mädchen, „aber ich kann nicht auf seinem Schoß sitzen."

Jetzt ist er nicht da

Ich suche den Frieden, den das Absterben des Selbst gibt."

Sagte der Meister: „Wer ist das, der diesen Frieden sucht?"

„Ich."

„Wie will denn dein ‚Ich' einen Frieden erlangen, der nur ins Leben tritt, wenn dein ‚Ich' gestorben ist?"

Danach erzählte er die folgende Geschichte:

„Als der alte Hausdiener starb, hinterließ er zur Überraschung aller ein großes Vermögen, das in Wertpapieren angelegt war. Das konnte jedoch die Witwe nicht trösten: ‚Mein armer, armer Mann! Das ganze Leben kannte er nur bittere Armut und harte Arbeit Tag für Tag. Und jetzt, da uns Gott dieses Vermögen geschickt hat, ist er nicht da, um sich daran zu erfreuen.' "

Von einem Friedhof zum anderen

Als ein Gast ankündigte, er würde das Kloster wieder verlassen, weil er kein Wort des Meisters mehr hören könne, zeigte ein älterer Schüler für ihn Verständnis. „Ich kann mir vorstellen, wie dir zumute ist", sagte er. „Jahrelang habe ich den Mann gemieden, weil seine Worte wie Schlünde waren, die tobende wilde Tiere aus dem Dschungel schnurstracks in meinen hübschen kleinen Garten beförderten. Ich wäre viel lieber zu Predigern gegangen, deren Worte blitzblanke weiße Knochen von einem Friedhof zum anderen befördern."

Genau richtig!

Der Meister schimpfte mit einem Schüler, der sich wegen einer zwanghaften Neigung, die Wahrheit zu sagen, ständig in Schwierigkeiten brachte.

„Müssen wir denn nicht immer die Wahrheit sagen?" protestierte der Mann.

„Aber nein, es ist manchmal besser, die Wahrheit zurückzuhalten."

Als er aufgefordert wurde, dafür ein Beispiel zu nennen, erzählte der Meister von einer Schwiegermutter, die zu einem einwöchigen Besuch gekommen war und einen ganzen Monat blieb.

Das junge Paar faßte schließlich einen Plan, den Besuch loszuwerden. „Ich mache heute zum Abendessen eine Suppe", sagte die junge Frau zu ihrem Mann, „und wir fangen dann an zu streiten. Du sagst, die Suppe ist zu sehr gesalzen, und ich sage, sie ist zu wenig gesalzen. Wenn meine Mutter auf deiner Seite ist, bin ich beleidigt und sage ihr, sie könne heimfahren. Wenn sie mir zustimmt, wirst du wütend und sagst, sie könne gehen."

Die Suppe wurde aufgetragen. Es gab einen bösen

Streit, bis schließlich die Frau sagte: „Wie findest du's, Mutter. Ist die Suppe zu sehr gesalzen oder nicht?"

Die alte Dame tauchte ihren Löffel in die Suppe, führte ihn an die Lippen, kostete sorgfältig, überlegte einen Augenblick und sagte:

„Genau richtig!"

Noch nicht soweit

Als ein Schüler seine Absicht äußerte, Prediger zu werden, wollte der Meister nichts davon hören. Alles, was er sagte, war:

„Warte, du bist nicht soweit."

Ein Jahr verging, dann zwei, dann fünf und schließlich zehn, und immer noch hielt der Meister an seinem Verbot fest.

Eines Tages sagte der Schüler: „Kann ich nicht auch etwas Gutes tun, selbst wenn ich noch nicht soweit bin?"

Sagte der Meister: „Was wird ein Jäger ausrichten, der schießt, bevor er eine Kugel in seinem Gewehr hat?"

Wenn ich nicht hinsehe

Um zu zeigen, warum Heiligkeit sich selbst nicht bewußt ist, erzählte der Meister von einem Freund, der Alkoholiker war und geschworen hatte, nie wieder zu trinken. Als ihn eines Tages der Durst plagte, bestellte er in der Bar eine Limonade. Während sie gerichtet wurde, flüsterte der Mann dem Barkeeper zu: „Könnten Sie noch ein bißchen Whisky reingießen, wenn ich nicht hinsehe?"

Den vollen Betrag

Das Schlimme bei Ihnen ist", sagte der Meister zum Prediger, „daß alles, was Sie sagen, absolut wahr ist – und hohl. Ihre Leute suchen die Wirklichkeit. Alles, was Sie ihnen bieten, sind Worte."

Als der Prediger wissen wollte, was der Meister damit meine, sagte er: „Sie sind wie der Mann, der von einer Firma einen Brief erhielt, in dem es hieß: ‚Würden Sie uns bitte den vollen Betrag senden, den Sie uns schulden?'

Prompt und klar kam seine Antwort: ‚Der volle Betrag, den ich Ihnen schulde, ist eintausendfünfhundert Dollar'."

Seine Pflicht getan

Der Meister richtete ein scharfes Protestschreiben an den Gouverneur wegen seines brutalen Vorgehens gegen eine antirassistische Demonstration.

Der Gouverneur schrieb zurück, daß er nur seine Pflicht getan hätte.

Sagte der Meister: „Immer, wenn ein sturer Mensch etwas macht, worüber er sich schämen sollte, erklärt er es zu seiner Pflicht."

Keine Ahnung

Der Meister erzählte einmal von zwei Damen, die gesellschaftliche Kontakte pflegten. Sagte die eine zur anderen: „Ich traf vor ein paar Tagen Ihren Gatten. Großartig, was er für ein glänzendes Wissen hat!"

„Seien Sie nicht albern", erwiderte die andere. „Er hat von nichts eine Ahnung."

Sagte der Meister: „Es ist wie beim Gelehrten: er weiß alles, was es über die Wirklichkeit zu wissen gibt, und ahnt nicht einmal ihre Existenz."

Ein größeres Abenteuer

Warum reisen Sie so wenig", fragte ein Reporter.

„Das Gesicht nur eines Menschen oder nur ein Ding jeden Tag des Jahres anzusehen und dabei immer auf etwas Neues zu stoßen, ist ein weitaus größeres Abenteuer, als irgendeine Reise bieten kann", erwiderte der Meister.

Dieses Rowdytum

Als der Meister hörte, wie ein Schüler geringschätzig über die Gier und die Gewalt bei „Menschen draußen in der Welt" sprach, sagte er: „Du erinnerst mich an den Wolf, der seine tugendhafte Phase hatte. Als er beobachtete, wie eine Katze einer Maus nachjagte, wendete er sich entrüstet an einen anderen Wolf: ‚Es ist höchste Zeit, daß diesem Rowdytum ein Ende gemacht wird'."

Sie passen nicht

Der Meister erzählte einmal von einer Frau, die ihren Zahnarzt zum dritten Mal bat, er möge ihr das Gebiß abschleifen, weil „es nicht paßt".

„Wenn ich das mache, was Sie wollen, fürchte ich,

passen die Zähne nicht in Ihren Mund", gab der Zahnarzt zu bedenken.

„Wer sagt denn etwas von meinem Mund?" erwiderte die Frau gereizt. „Die Zähne passen nicht in das Glas."

Und der Meister schloß: „Deine Überzeugungen mögen deinem Denken entsprechen, aber stimmen sie auch mit den Tatsachen überein?"

Gefunden

In seiner Jugend verließ der Meister sein Elternhaus, um auf die Suche nach Weisheit zu gehen.

Seine Abschiedsworte waren: „An dem Tag, da ich sie gefunden habe, lasse ich es euch wissen."

Viele Jahre später schien es ihm ganz und gar unwichtig, es sie zu Hause wissen zu lassen. Als er das nämlich einsah, hatte er ganz ohne sein Wissen die Weisheit gefunden.

Klapp den Koffer zu

Als der Meister von religiösen Führern sprach, die andere durch ihr äußeres Verhalten und ihre Kleidung zu beeindrucken suchen, erzählte er seinen Schülern diese Geschichte:

Ein Betrunkener schwankte nach Hause und kam auf eine schlaue Idee, wie er seiner Frau seinen Zustand verheimlichen könnte: Er wollte sich in sein Arbeitszimmer setzen und ein Buch lesen, denn wer hätte einen Betrunkenen schon einmal ein Buch lesen gesehen?

Als seine Frau kam und wissen wollte, was er dort in der Ecke seines Arbeitszimmers tue, antwortete er vergnügt: „Lesen, meine Liebe."

„Du bist betrunken", sagte seine Frau. „Klapp den Koffer zu, und komm runter zum Essen!"

Irrational

Als der Meister einen Gast auf die Irrationalität seiner Glaubensüberzeugungen hinwies, erwiderte dieser großartig: „Ich glaube, weil es irrational ist."

„Sollten Sie nicht besser sagen: Ich glaube, weil *ich* irrational bin?" sagte der Meister.

Ein Mädchen

Wie erlangt man das Glück?"

„Durch Erlernen, mit allem, was man erhält, zufrieden zu sein."

„Dann kann man sich nie etwas wünschen?"

„Doch, man kann", sagte der Meister, „vorausgesetzt, man tut dies in der Einstellung jenes ängstlichen Vaters, den ich einmal in einer Entbindungsstation traf. Als die Hebamme sagte: ‚Sie haben sich bestimmt einen Jungen gewünscht, es ist aber ein Mädchen', erwiderte der Mann: ‚Ach, das macht wirklich nichts, denn ich habe mir ein Mädchen gewünscht, falls es kein Junge ist'."

Ein Vorzug

Der Meister hörte einmal, wie ein Schüler zu einem Gast sagte: „Ich bin stolz darauf, daß mich der Meister als einzigen unter hundert anderen ausgesucht und als Schüler angenommen hat."

Bald darauf sagte ihm der Meister unter vier Augen: „Etwas sollte dir gleich zu Anfang klar sein: Wenn du den anderen vorgezogen wurdest, dann nur deswegen, weil deine Bedürftigkeit größer ist als ihre."

Im Nachtclub

Zum Thema der moralischen Erziehung von Kindern wußte der Meister einmal zu sagen:

„Als ich noch nicht zwanzig war, warnte mich mein Vater vor bestimmten Orten in der Stadt.

Er sagte: ‚Geh niemals in einen Nachtclub, mein Sohn!'

‚Warum nicht, Vater?' wollte ich wissen.

‚Weil du dort Dinge siehst, die du besser nicht sehen solltest.'

Das weckte natürlich meine Neugierde, und bei der nächsten Gelegenheit ging ich in einen Nachtclub."

Die Schüler fragten: „Und hast du etwas gesehen, was du nicht solltest?"

„Natürlich habe ich", sagte der Meister. „Ich sah meinen Vater."

Was dazwischen liegt

Mein früherer Meister lehrte mich, Geburt und Tod anzunehmen."

„Warum bist du dann zu mir gekommen?" fragte der Meister.

„Zu lernen, das anzunehmen, was dazwischen liegt."

Was die meisten tun

Eine Schülerin war überzeugt, sie sei eigentlich zu sehr weltverhaftet und zu wenig religiös. Nach einer Woche Aufenthalt im Kloster bescheinigte ihr der Meister jedoch, daß ihre Religiosität durchaus in Ordnung und gesund sei.

„Aber gibt es nicht *irgend etwas,* was ich tun kann, um genauso religiös zu sein wie die anderen Schüler?"

Darauf sagte der Meister:

„Hör einmal zu: Ein Mann kaufte sich ein neues Auto. Nachdem er sechs Monate gefahren war und über den Benzinverbrauch genau Buch geführt hatte, mußte er feststellen, daß er nicht den phänomenal günstigen Verbrauch erreichen konnte, der anderen Wagen dieser Klasse so oft nachgesagt wird. Er brachte sein Auto in eine Werkstatt, wo eine gründliche Überprüfung vorgenommen wurde, ohne daß dabei jedoch irgendein Fehler gefunden werden konnte.

‚Aber kann man denn nicht *irgend etwas* machen, um den Benzinverbrauch zu senken?' fragte der Mann.

‚Ja, schon', sagte der Mechaniker. ‚Sie können das machen, was die meisten Autobesitzer tun.'

‚Was denn?'

‚Lügen Sie sich ihn vor.'"

Wegmeißeln

Als der Meister gefragt wurde, was er an seinen Schülern tue, sagte er: „Dasselbe, was ein Bildhauer an einer Tigerstatue tut: Er nimmt einen Marmorblock und schlägt alles ab, was nicht wie ein Tiger aussieht."

Als seine Schüler später wissen wollten, was er damit genau meinte, sagte der Meister: „Meine Aufgabe ist, alles wegzumeißeln, was nicht du bist: jedes Denken, Empfinden, jedes Verhalten, jeden Zwang, der dir aus deiner Bildung und Vergangenheit anhaftet."

Fragen stellen

Einer der Vorbehalte des Meisters gegenüber religiösen Führern war dieser: sie nähren ein blindes Vertrauen in den Gläubigen, das so weit geht, daß selbst dann, wenn Schüler eine Frage zu stellen wagen, sie dabei immer innerhalb der engen Grenzen ihres Glaubens bleiben.

Es war einmal ein Prediger, erzählte der Meister, der sich redlich darum bemühte, die Schüler bei seinen Vorträgen zu Fragen zu animieren. So kam er auf diesen Einfall: Er erzählte ihnen die Geschichte von einem enthaupteten Märtyrer, der mit seinem Kopf in den Händen dahinwanderte, bis er an einen breiten Fluß kam. Weil er nun beide Hände zum

Schwimmen brauchte, nahm er seinen Kopf in den Mund und schwamm sicher ans andere Ufer.

Einen Augenblick lang herrschte widerspruchsloses Schweigen, doch dann stand zur Freude des Predigers ein Mann auf und warf ein: „Das kann er nicht gemacht haben!"

„Warum nicht?" fragte der Prediger erwartungsvoll.

„Weil er nämlich nicht atmen kann, wenn er den Kopf im Mund hat."

In den Vorschriften

Wie Jesus vor Jahrhunderten, warnte der Meister die Leute vor der Religion, weil sie, sich selbst überlassen, blinden Gesetzesgehorsam rechtfertigt. Und so erklärte er dies:

Ein Unteroffizier fragte während der Gewehrausbildung eine Gruppe Rekruten, warum für den Gewehrschaft Walnußholz verwendet wird.

„Weil es widerstandsfähiger ist", antwortete einer.

„Falsch!"

„Weil es eine größere Elastizität hat", sagte ein anderer.

„Auch falsch!"

„Vielleicht weil es glatter ist als andere Hölzer", sagte ein dritter.

„Mach dich nicht lächerlich!", sagte der Unteroffizier. „Walnußholz wird deshalb verwendet, weil es in den Vorschriften steht."

Wie ein Schmetterling

Das Glück ist ein Schmetterling", sagte der Meister. „Jag ihm nach, und er entwischt dir. Setz dich hin, und er läßt sich auf deiner Schulter nieder."

„Was soll ich also tun, um das Glück zu erlangen?"

„Hör auf, hinter ihm her zu sein."

„Aber gibt es nichts, was ich tun kann?"

„Du könntest versuchen, dich ruhig hinzusetzen, wenn du es wagst."

Links von was?

Glauben Sie an die Existenz Gottes?" fragte ein fanatischer Glaubensanhänger.

Sagte der Meister: „Ich werde Ihre Frage beantworten, wenn Sie meine beantwortet haben: Ist Ihr Stuhl der erste links?"

„Links von was?"

„Die Existenz von was?" entgegnete der Meister.

Der Vorrang

Um seinen Schülern deutlich zu machen, wie absurd eine religiöse Autorität ist, die irgendeiner anderen Quelle entspringt als persönlicher Qualität und Kompetenz, erzählte der Meister von einem Arbeiter, der in eine Agentur für Eheanbahnung ging.

„Ist das ein Union-Vermittlungs-Shop [der Gewerkschaft]?"

„Ja, so ist es."

Er suchte das Foto einer fünfundzwanzigjährigen Schönen aus und sagte: „Ich möchte die nehmen."

„Nein, Sie müssen *diese* Dame nehmen", erwiderte der Leiter der Agentur und zeigte ihm das Bild einer grauhaarigen Frau um die Fünfzig.

„Warum soll ich die nehmen?"

„Weil sie Vorrang im Dienstalter hat."

Viel kürzer und viel länger

Wie lange dauert die Gegenwart, eine Minute oder eine Sekunde?"

„Viel kürzer und viel länger", sagte der Meister. „Kürzer, weil der Augenblick, den du angezielt hast, vorbei ist.

Länger, weil, wenn du je in sie eingedrungen bist, du auf die Zeitigkeit stoßen und erfahren wirst, was Ewigkeit ist."

Dein tiefstes Wesen

Sagte der Meister:

„Als du noch im Mutterleib warst,
hast du geschwiegen.
Dann wurdest du geboren
und fingst an zu sprechen, sprechen, sprechen
– bis der Tag kommt, da man dich ins Grab legt.
Dann wirst du wieder still sein.

Fange dieses Schweigen ein,
das im Mutterleib war
und im Grab sein wird
und selbst jetzt dieses Intervall von Lärm
unterläuft, das Leben heißt.
Dieses Schweigen ist dein tiefstes Wesen."

Das Rezept

Was ist an diesem Menschen so originell?" fragte ein Gast.

„Alles, was er dir gibt, ist ein Haschee von Geschichten, Sprichwörtern und Aussprüchen anderer Meister."

Eine Schülerin lächelte. Sie hatte einmal eine Köchin, sagte sie, die das wunderbarste Haschee der Welt zubereiten konnte.

„Wie um alles in der Welt bereiten Sie es zu? Sie müssen mir das Rezept geben."

Die Köchin strahlte vor Stolz und sagte: „Also, Madam, ich will es Ihnen sagen: das Fleisch ist's nicht, der Pfeffer ist's nicht, die Zwiebeln sind's nicht, aber wenn ich mich selbst in das Haschee hineingebe – das ist's, was es zu dem macht, was es ist."

Nachwort des Verlegers der Originalausgabe

Das vorliegende Buch ist das letzte aus dem Nachlaß Anthony de Mellos. Er schrieb es im Anschluß an das Werk „One Minute Wisdom" (deutsche Ausgabe: „Eine Minute Weisheit") und vor dem Band „The Prayer of the Frog" (deutsche Ausgabe in zwei Bänden: „Warum der Schäfer jedes Wetter liebt" und „Wer bringt das Pferd zum Fliegen?"). Fr. de Mello sandte mir das Manuskript mit der Bitte, es bald in Druck zu nehmen. Der Text war mit der Schreibmaschine geschrieben, ausgenommen der kurze Kommentar zur ersten Geschichte, den er handschriftlich eingetragen hatte (s. Seite 7). Kurz bevor die Satzarbeiten beginnen sollten, schrieb mir der Autor Ende Dezember 1986: „Ich arbeite an einem neuen Buch mit dem Titel „The Prayer of the Frog", das vor dem Band „One Minute Nonsense" („Eine Minute Unsinn") erscheinen soll. Bitte schicken Sie mir das Manuskript zurück."

In den ersten Monaten des Jahres 1987 arbeitete Tony intensiv an dem Manuskript „The Prayer of the Frog", denn er wollte es noch vor seiner für Ende Mai geplanten Reise nach New York abgeschlossen haben. Am 30. Mai traf ich mich dann mit Tony in Bombay, um das fertige Manuskript entgegenzunehmen und mit ihm eingehend über die Textgestaltung zu sprechen. Zum Schluß unseres Gespräches erkundigte ich mich auch nach dem Manuskript „One Minute Nonsense".

Er sagte mir, daß es fertig sei und er es mir gleich nach seiner Rückkehr aus den USA zusenden werde. Anschließend wolle er mit der Bearbeitung der Meditationen („Call to Love"; deutsche Ausgabe: „Wie ein Fisch im Wasser") beginnen.

Gegen sechs Uhr abends verabschiedete ich mich von Tony, um meinen Zug nach Gujarat zu erreichen. Tony stand vor einem mehrmonatigen Aufenthalt in den USA. Zwei Stunden später brach er selbst zum Flughafen auf. In der ersten Nacht nach seiner Ankunft in New York ereilte ihn in der Fordham Universität am 1. Juni 1987 der Tod.

Er konnte nicht ahnen, daß er so schnell wieder in seiner indischen Heimat wäre. Sein Leichnam traf am Morgen des 13. Juni hier ein und wurde am Abend desselben Tages auf dem Friedhof bei der St. Peters-Kirche in Bandra, in der er getauft worden war, beerdigt.

Unter seinen Papieren fanden sich drei Manuskripte:

1. „One Minute Nonsense": „Fertig zum Druck" hatte er mir dazu gesagt. Doch die Geschichten hatten keine Überschriften, und auch ein Inhaltsverzeichnis fehlte. Wollte er dies noch nachträglich hinzufügen? Wir wissen es nicht.
2. Ein Manuskript mit Exerzitienvorträgen, das für die Drucklegung vollständig vorbereitet war. Über dieses Manuskript hat Tony jedoch niemals mit mir oder mit anderen gesprochen. Wir veröffentlichten es als hinterlassenes Werk unter dem Titel „Contact with God" (deutsche Ausgabe: „Von Gott berührt").
3. Das unvollendete Manuskript einer Sammlung von Meditationen, das er nach seiner Rückkehr aus den

Vereinigten Staaten abschließen wollte. Wir veröffentlichten es so, wie er es hinterließ, unter dem Titel „Call to Love“ (deutsche Ausgabe: „Wie ein Fisch im Wasser“).

So legen wir hier sein letztes Buch „Eine Minute Unsinn“ den Lesern vor, das eigentlich nach den Bänden „Warum der Schäfer jedes Wetter liebt“ und „Wer bringt das Pferd zum Fliegen?“ erscheinen sollte. Wir veröffentlichen es, wie Tony es hinterließ, die Geschichten in der unveränderten Ordnung seines Manuskriptes.*

Fr. X. Diaz del Rio S.J.

* Entsprechend den deutschen Ausgaben der anderen Werke Anthony de Mellos wurden auch bei diesem Band Überschriften zu den einzelnen Geschichten und eine Inhaltsübersicht am Schluß hinzugefügt (Anm. des Verlages).

Inhalt

Einführung 7
Gleichnisse und Geschichten 9
Die richtige Disposition 9
Der Ton macht's 11
Zurückgestohlen 11
Vertrauen 12
Geschirr spülen 12
Standortbestimmung 13
Ruchlos 14
Wie dann? 14
Die Lektion 15
Was ist das? 16
An alles ein bißchen 17
Glück 17
Selbstmitleid 17
Beleidigen 18
Einfallsreich 18
Fast immer 20
Wissen 21
Was siehst du? 22
Mißverstanden 22
Fehler 23
Nicht zu beantworten 23
Man kann es nie wissen 24
Kooperation 25
Dankbar 26
Rätselhaft 26
Zeitlos 27
Leichter gemacht 27
Vollkommen 27
Wie man es ansieht 28
Wirklich wahr? 28
Wahrhaftig 29
Ein besseres Programm 29
Unruhe 30
Genießen 30
Ein Clown 31
Eine Perle 31
Einfach essen 32
Der Gewinn 32
Anmutig 33
Unvergeßlich 33
Von selbst 34
Einen Cadillac 34
Die Falle 35
Nichts dazugekommen 36
Die feinste Sprache 36
Wer von beiden? 37
Ein Meisterwerk 37
Gipfelblick 38
Der Meister in allem 38

Heiße Luft 39
Worte 39
Ein einziges Wort 40
In Weisheit 42
Der Klang der Galaxien 43
Anhänglichkeit 43
Größeren Mut 44
Ich erinnere mich genau 45
Zu spät 45
Keine Minute verlieren 46
Warum kommst du zum Meister? 46
Her mit dem Geld! 47
Keine Erklärung 47
Zweierlei Wirkung 48
Ein irdenes Gefäß 48
Ein schöner Tag 49
Wie der Vogel 50
Das Gesetz 50
Völlig erschöpft 51
Alt genug 51
Arten, zu schreiben 52
Wie in eine Wildnis 52
Bis ich oben bin ... 53
Die Erklärung 54
Was lieber 54
Das Fingerspiel 56
Reisen 57
Nicht Sanskrit 57
Ein Nichts 57
Unerreichbar 58
Geh, trink! 58
Er tut nur so 59
Villkommen! 60
Die Aufgabe 61
Macht 61
Der Preis 61
Die Weigerung 62
Ohne Stecker 63
Handeln und feilschen 63
Lauwarme Suppe 64
Ein Spiel 65
Späne müssen fliegen 67
Begrenzung 68
Durstig 68
Folgerichtig 69
Zu früh gejubelt 69
Im Verhältnis gesehen 70
Kompetente Auskunft 70
Viele Wege 71
Ohne die Last 72
Neu austeilen 74
Nirgendwohin 74
Die Lösung 75
Ohne Etikett 75
Nachhilfe 76
Zuviel 77
Reizende Kinder 77
Keine Anstrengung 78
Ungestört 78
Östlich von Suez 79
Gesichtspunkte 80
Der Zauberkasten 80
Keine Vorstellung 81
Die Eintrittskarte 82

Frei zu haben 84
Zivilisiert 84
Zwei Forderungen 85
Etwas bequemer 85
Klare Auskunft 86
Mit Messer und Gabel 86
Wo suchen? 87
Programmiert 87
Ohne Begriff 88
Hinweise 89
Die falsche Seite 89
Ein Finger 90
Begriffen 91
Flügelschlagen 91
Veränderung 92
Verzicht 93
Die größte Sünde 93
Klassifizieren 94
Gleiche Entfernung 94
Der Preis 95
Vor der Nase 95
Ein neues Kleid? 96
Der geheime Akt 96
Ernsthaft erkrankt 97
Mutterglück 98
Nicht an die erste Stelle 98
Gott stirbt nicht 99
Das Problem 100
Eine Gabe 100
Glaubst du 101
Mit Teelöffeln 102
Auf Kredit 102
Die Rolläden 104
Nicht bei Sinnen 105
Die Freiheit des Adlers 105
Miserabel 106
Abstraktionen und Marionetten 106
Gibst du mir … 107
Reichlich bezahlt 108
Unzufrieden 108
Wer hat schon das Glück? 109
Ein Erstrahlen der Ewigkeit 109
Spannkraft 110
Lerne Befehle erteilen 110
Getäuscht 111
Niemand 111
Der kleine Eisbär 112
Bedeutungslos 113
Soziale Befreiung 113
Der Held 113
Vornehm 114
Wo du drin bleibst 115
Es regnet 115
Die Last 116
So schnell geht es 116
Der Maßstab 117
Denken 117
Bücher 118
Weite Sicht 119
Den halben Weg 119
Nicht-abhängig-Sein 120
Noch mehr 120
Die Hilfe des Vaters 121

Nur mit Waffenschein 121
Desto weniger Freude 122
Die Therapie 123
Doch nicht auf dem Schoß 123
Wählen 124
Der Fensterputzer 126
Der Lebenswunsch 126
Schlafwandler 127
Erwacht 127
Nicht für Spatzen 128
Erwählt 128
Gute Nachricht 129
Veranlagung 129
Bei den meisten 130
Wie ein Kind 130
Einer muß zahlen 131
Der Unterschied 132
Was für eine Nachricht 132
Kein Zeichen 133
Gegensätzliche Richtungen 133
Atmosphäre 134
Übergewechselt 134
Was kannst du? 135
Wie lange? 135
Was fehlt? 136
Einer zuwenig 136
Keine Zeit 137
Frohen Donnerstag! 137
Was ihr braucht 138
Was bringt's? 138
Falsch oder richtig? 139
Warum so schreien? 139
Der einzige Fortschritt 140
Die richtige Antwort 142
Die Türangeln 142
Stehenbleiben! 143
Der gegenwärtige Augenblick 143
Was für eine Krankheit? 143
Theologie 144
Philosophie 144
Nicht zu Fuß 145
Keine Furcht 145
Eine einzige Rosenblüte 146
Das Tun 146
Mach das Fenster zu 147
Nicht Abschirmung 147
Akzeptieren 148
Verrückt 148
Dein Selbst 149
Gegenkandidaten 149
Eine andere Sicht 150
Trugbilder 151
Noch schöner 152
Augenlider 152
Urteilen 153
Mit seinem ganzen Sein 153
Gegenüber was? 154
Süß oder bitter 154
Logik 154
An die erste Stelle 155

Ein Meisterschütze 156
Das Universum 158
Beiseite lassen 158
„Für“ 159
Der Ausweg 160
Das sichere Fundament 160
Der Unterschied 161
Undeutlich 161
Was tun? 162
Mitarbeit 162
Ein Meister 163
Was wird gespielt? 163
Mangelhaft 164
Weiter entfernt 164
Was Gott nicht kann 165
Der genaue Abstand 165
Wessen Geschmack 166
Die Gelegenheit 167
Geld oder Leben! 167
Lieber das Geld 168
Was tun? 168
Nichts sehr Gutes oder Schlechtes 168
Nicht die Worte 169
Unterdrücken 169
Der Baum 170
So viel 170
Totsein 171
Der einzige Feind 171
Die Aufgabe 172
Buße tun 172
Sich schlecht fühlen 173
Gefährlich 173
Du selbst 174
Ein viel früheres Werk 174
Nicht genug 176
Spiritualität 176
Eigene Propaganda 177
Böses und Gutes 177
Ganz und gar nicht bewußt 178
Nachfolgen 179
Eine andere Konfrontation 179
Größe sechsunddreißigeinhalb 180
Welche Madonna? 180
Denken 181
Keine Probleme 182
Ein größeres Gebiet 182
Führungsschwäche 183
Ohne Worte 183
Die Wirklichkeit erkennen 184
Einem Fisch ein Bad geben 184
Wenn der Nordwind bläst 185
Der Status 185
Nahe bei den Blumen 186
Die Einsicht 186
Die Geschwindigkeit des Schwimmers 187
Die Perspektive 187
Mit jedem Ergebnis 188
Auf dem Schoß 188
Jetzt ist er nicht da 190

Von einem Friedhof zum anderen 190
Genau richtig! 191
Noch nicht soweit 192
Wenn ich nicht hinsehe 193
Den vollen Betrag 193
Seine Pflicht getan 194
Keine Ahnung 194
Ein größeres Abenteuer 195
Dieses Rowdytum 195
Sie passen nicht 195
Gefunden 196
Klapp den Koffer zu 196
Irrational 197
Ein Mädchen 197
Ein Vorzug 198
Im Nachtclub 199
Was dazwischen liegt 199
Was die meisten tun 200
Wegmeißeln 201
Fragen stellen 201
In den Vorschriften 202
Wie ein Schmetterling 203
Links von was? 204
Der Vorrang 204
Viel kürzer und viel länger 205
Dein tiefstes Wesen 206
Das Rezept 206

Nachwort des Verlegers der Originalausgabe 208